大学入試

本番で失敗しない！
やりがち NG をおさえる

小論文

特急合格 BOOK

監修 元ＡＯＩ講師／河守晃芳

Gakken

はじめに

　これまでの間、私は小論文を長く指導してきました。直接指導した生徒は延べ数千人になるでしょう。難関私立大合格者から国公立大医学部合格者まで、多くの生徒を見てきたと自負しています。ただ、そうやって多数の生徒の小論文を読んでいると、やはり共通したミスが多いことに気づきます。意外と小論文でつまずくポイントというのは決まっているのです。

　この本では、高校生が共通してミスをするポイントを多数掲載し、わかりやすく解説しました。この本を読むだけでも、他の高校生よりも大きなアドバンテージを得ることができるでしょう。ぜひ何度も読んでマスターしてみてください。皆様の受験がうまくいくことを心より祈っています。

　　　元 AOI 講師　河守 晃芳

もくじ

第1章　重大なやりがち NG

第 2 章　減点されがち！　文書・表記のルール

第 3 章　知らないと NG！　小論文頻出テーマ

本書の特長と使い方

point

1 小論文の基本がわかる

本書は、推薦入試における小論文の基本情報のほか、小論文がどのように行われ、評価されているのかを理解するのに役立ちます。

point

2 やってはいけない NG ポイントがわかる

本書では、「やってはいけない NG ポイント」を紹介しています。
注意するべきポイントを正しく理解し、適切に対策を進めましょう。

point

3 やりがち度・危険度・頻出度がわかる

NG ポイントには、「やりがち度」と「危険度」の 2 つの指標を掲載しています。やりがち度・危険度の高いテーマは特に気をつけるようにしましょう。
また、頻出テーマについては「頻出度」の指標を掲載していますので、きちんと対策をしておきましょう。

point

4 図、イラスト、表、答案例でわかりやすい

本書は、図やイラスト、表を豊富に使っています。また、「OK 答案」「NG 答案」も掲載し、理解を深めやすい構成としています。

現在の推薦入試の状況とは

推薦入試が増えている

　現在、推薦入試で大学に進学する人が増えており、令和3年度には推薦入試での入学者数が50.3％と半分を超えました。大学入試ではもはや推薦入試が主流になりつつあると言っても過言ではありません。かつては、一般入試が王道の選抜方法であったかもしれませんが、それは過去の話。すでに推薦入試は大学進学の重要な選択肢となっています。

一般入試と推薦入試の違いとは

　一般に大学入試と言うと学力試験のイメージが強く、推薦入試の受験生は受験勉強をしなくてよいと思われることもあります。しかし、推薦入試には推薦入試ならではの勉強が必要です。たとえば、学校推薦型選抜では高校での評定平均が出願資格を上回る必要があります。総合型選抜では小論文やプレゼンテーションを試験に取り入れている大学も少なくありません。つまり、推薦入試にもしっかりとした勉強、しっかりとした対策が必要なのです。

一般入試と推薦入試の違い

	一般入試	推薦入試
入学試験の時期	入学する年の 1月～3月	入学する前年の 9月～12月
出願書類	願書・調査書	願書・調査書以外に、 志願理由書や 事前レポートなどが 求められることも
選抜方法	学力試験	調査書、書類選考、 面接、小論文、学力試験、 実技試験等を総合的に 評価する
合格発表までの 期間	2週間程度	1ヶ月以上かかる場合も
合格から 入学までの期間	1ヶ月～2か月	3か月～4か月

チャンスがいっぱい！

9月～12月
推薦入試

1月～3月
一般入試

推薦には大きく分けて2種類ある

学校推薦型選抜とは

　学校推薦型選抜は高校の校長先生からの推薦に基づき、主に調査書を用いて行う試験方式です。高校の評定平均が出願資格や合否判定に関わり、出願に必要な評定平均は大学が独自に決定します。準備の前に出願資格をしっかり確認することが重要です。

　学校推薦型選抜では、評定平均が重視されるため、学校の勉強をしっかりやって、定期テストで好成績をとってきた人に向いている入試形式だと言えます。

総合型選抜とは

　総合型選抜は、志願者の能力・適性や学習に対する意欲、目的意識等を総合的に評価する入試方式です。エントリーシートなど出願時の提出書類の内容と、面接、口頭試問、小論文、プレゼンテーション、学力・実技試験などを課して、時間をかけて判定します。

　その名の通り受験生を「総合」的に評価するのですから、大学が求める項目をクリアできるように準備する必要があります。

推薦には 2 種類ある

	学校推薦型選抜 （指定校推薦の場合）	総合型選抜
対象	大学の指定校推薦枠を持っている高校の生徒	高校生以上 （一部例外あり）
出願資格	評定平均が大学が指定する出願資格の基準を超えていて、校長先生の推薦があること（ただし校内選考がある場合もある）	高校卒業・卒業見込みの生徒
出願時期	11月1日前後	9月1日以降（大学入学共通テストの出願が必要な場合もある）
選考方法	推薦書・調査書と独自試験（面接など）	エントリーシート、面接、口頭試問、小論文、プレゼンテーション、学力検査などを通して、大学のアドミッション・ポリシーに合致する受験生を選抜する

選抜としての小論文

選抜方式にはどのようなものがある？

　近年、多くの大学の入学者が、学校推薦型、総合型選抜での合格者となっていることを紹介してきました。私立大学では5割を超えている学校もあります。その選抜方式では、多くの大学が、志望理由書・小論文・面接などを課しています。

- ○ 志望理由書…主に、「なぜ大学へ進学したいのか」という志望理由と、「自分がどのように優れているか」という自己PRを記入し、大学へ提出する書類です。
- ○ 小論文…あるテーマに対する自分の意見を、論理的に相手に説明する文章です。
- ○ 面接…面接官と受験生が対面となり行われるものです。

小論文で問われる力

　小論文では、次の3つの力が問われます。

- ❶ 物事を論理的に考える力
- ❷ 正しく言葉を使いこなす力
- ❸ 幅広い分野についての教養

　これらの力や知識は、一般的な学力試験だけでは十分に測ることができません。そのため、近年、大学入試で小論文が出題されることが増えているのです。

選抜方式のいろいろ

- ☑ 志望理由書
- ☑ 面接
- ☑ 小論文
- ☑ プレゼンテーション
- ☑ 学力・実技試験など

情報を集めよう

小論文の種類

 小論文にはどのようなものがある？

　推薦入試で出題される小論文には、主に3種類あります。

　小論文の対策を始める前に、自分が志望している大学ではどのタイプの出題が多いのか、過去問などを見て調べておくとよいでしょう。

❶ テーマ型
　短い設問が与えられ、それに対して自分の意見を述べるタイプの小論文です。

❷ 課題文型
　まず課題文を読み、それを踏まえて自分の意見を述べるタイプの小論文です。課題文の要約が求められる場合もあります。

❸ 資料・グラフ型
　グラフ等を見て、そこから読み取れる内容をもとに自分の意見を述べるタイプの小論文です。

　どのタイプの問題であっても、見られるポイントは同じ（右ページ参照）。過去問と形式が違っても慌てず、採点基準を満たせるような小論文を書き上げましょう。

小論文で見られるポイント

- ☑ 設問で聞かれていることに正確に答えられているか
- ☑ 客観的で説得力のある文章が書けているか
- ☑ 日本語を正しく使用できているか
- ☑ 適切な文章の構成になっているか
- ☑ 述べている内容に妥当性があるか

第1章

重大なやりがち
NG

第1章では、小論文の試験で減点につながってしまう、重大なミスを紹介します。基本的な答案の書き方から、問題タイプ別の取り組み方まで、丁寧に解説しています。小論文の基礎を理解し、しっかりと点数が取れる答案が書けるように対策しましょう。

やりがち度 ! ! !　　危険度 ⚡ ⚡ ⚡

小論文と作文の違い

小論文ではなく「作文」になっているのは…

小論文と作文の違い

　小論文の添削や指導を受けると、「この文章は、小論文ではなくて、作文ですね」と言われることがあるかもしれません。それでは小論文と作文は、一体何が違うのでしょう？

　一言でいえば、**作文は主観的な文章、小論文は客観的な文章**です。小論文と作文の違いを知るためには、まず「主観」と「客観」の違いを理解しましょう。

○ **主観**…自分だけの見方や考え方のこと
○ **客観**…誰にとっても変わらない見方や考え方のこと

　例えば、「富士山はとても美しい山だ。」という文章は、主観的な表現といえます。
　富士山を見て美しく思うかどうかは、**人によって異なります**。「とても」がどの程度を表すのかも、**人によって理解が異なる**でしょう。このような感情を前面に打ち出した表現や決めつけ表現は、主観から出たものだといえます。

　一方、「富士山は標高 3775.51m の日本で一番高い山だ。」という文章は、客観的な表現といえます。富士山が「標高 3775.51m」であること、「日本で一番高い山」であることは、**誰にとっても変わらない、客観的な事実**です。人によって認識は変わりません。

　このように、**小論文では、「誰が読んでも解釈が変わらない」「誰が読んでも同じ内容で理解できる」客観的な文章**が求められます。作文になっていないかチェックするポイントは、**主観的な文章になっていないか**、すなわち**客観的な文章になっているか**、なのです。

主観と客観

主観的な表現

富士山はとても美しい山だ。

客観的な表現

富士山は標高 3775.51m の日本で一番高い山だ。

作文と小論文

実際の答案例で確認してみましょう。

NG答案

 主観的な決めつけ表現が多く、作文になっている

> 　私は、死刑制度に反対だ。人が人を殺してはならないのは当たり前のことだ。戦争をしてはいけないのと同じである。殺人などの凶悪な犯罪は許すことはできないが、それでも死刑制度は、絶対に廃止するべきだ。

OK答案

 事実をもとに意見を述べており、小論文らしい

> 　私は、死刑制度に反対だ。なぜなら死刑制度は、人の生存権を脅かすものであると考えるからだ。また、これまでに死刑判決が逆転無罪になった事例もあり、間違った判決で死刑が行われることが否定できないからだ。

　このように、客観的な事実を踏まえて意見を述べるのが小論文です。

小論文の書き方

　客観的な事実を踏まえて書けていたとしても、伝えたいこと、主張したいことを一方的に書いているものは、よい小論文とはいえません。読んだ人がその内容をどのように理解するか、伝えたい内容と相手が受け取る内容との間に食い違いや誤解が生じないか、**常に読む人の視点を意識しましょう**。また、基本的な書き方のルールを押さえ、読みやすい文章を書くよう心がけましょう。

小論文の基本的な書き方ルール

1　文末は、原則として**「だ・である」調**（常体）で統一する。「です・ます」調（敬体）を混在させるのは NG。

2　「〜とか」「〜みたいな」「チョー」「マジ」「ヤバイ」などの**日常語や話し言葉は使用しない**。

3　「？」「！」などの記号表現は、原則として使用しない。

4　**自分のことは「私」**と書くのが原則。「僕」、「あたし」、「自分」などは、使用しない。

5　**略語**は、原則使用しない。ただし、字数を多く使ってしまうときは、断ったうえで使う。例 スマートフォン（以下、スマホ）

6　**一文の長さは、ある程度短め**にする（40 〜 60 字が目安）。

7　**主語と述語のつながりは、丁寧に確認する。**

8　接続語は正しく用いる。あまり多く使いすぎると、かえって読みにくくなるので注意。

9　**形式名詞（こと・もの・とき）**などは、ひらがなで書く。

10　修辞技法（体言止め・倒置法・比喩）などは、主観的な文章になりやすいので、なるべく使用しない。

POINT

☑ **客観的な事実をもとに、誰が読んでも理解できる、わかりやすく読みやすい文章を書こう。**

よい文章が書けていても
問題文の指示とずれていると…

「よい文章が書けてさえいればいい」は間違い！

小論文のスタートは、まず**出題者の意図を理解**することです。**出題者のメッセージを正しく読み取ることが非常に大切です**。よい文章が書けていても合格答案にならない例を見てみましょう。

問題例

社会におけるコミュニケーションの難しさを示す一例を挙げて、その解決方法について、あなたの意見を述べなさい。

NG答案

現代の若者は、価値観が異なる人や、異なる世代との交流を苦手とする傾向がある。その背景には、インターネットの普及により、価値観が近い者同士が結びつきやすくなった点がある。一方、SNS（ソーシャルネットワーキングサービス）において、絵文字などを用いた新しい表現方法を獲得している。現代の若者は、コミュニケーション能力が不足しているのではなく、これまでとはコミュニケーションのあり方そのものが異なっているのである。

✕ 「コミュニケーションの難しさを示す一例」が書けていない

　この答案は、「現代の若者のコミュニケーション」に対する意見がしっかりした文章にまとめられていて、一見よい答案に見えます。しかし、これでは**合格答案にはなりません**。なぜなら「コミュニケーションの難しさを示す一例を挙げて」という**設問で示された条件に対応していない**からです。

　このように、どれだけよい文章を書いていても、**設問で出題者が問うていることに答えられていない**と、小論文では**合格答案にはならない**のです。

✏ 出題者のメッセージを読み取ろう

　合格できる答案を書くためには、**まずは設問をよく読み、出題者のメッセージをしっかり読み取る**ことが必要です。「〜を述べて」「〜を挙げて」といった、答案に求められる条件を正確に押さえ、出題者の意図に対応した答案を書くようにしましょう。

POINT
☑ 出題者のメッセージを正しく読み取り、設問で聞かれていることにきちんと答えよう。

解答条件の読み取り②

設問で聞かれていることが すべて書けていないと…

設問の指示をすべて満たすようにしよう

　小論文の出題者のメッセージは、1つだけとは限りません。設問には、複数の指示が含まれている場合があります。その場合は、設問で聞かれていることすべてに答える必要がありますが、設問が長くなればなるほど、設問から外れた答案や、必要な要素を書けていない答案になりがちです。そうならないために、**「設問の大事なところに下線を引く」「設問を／（スラッシュ）で区切る」**などの方法をおすすめします。このやり方はとても応用範囲が広く、**小論文だけでなく、国語の読解問題や他の教科の問題など**でも有効です。

設問を区切ろう

出題者のメッセージが複数ある問題例を見てみましょう。

 問題例

　経済のグローバル化について、そのメリットとデメリットを述べ、グローバル化を推進すべきか、抑制すべきかを論述しなさい。

　この設問で求められていることは何でしょうか。複数の指示を見落とすことなく押さえられるように、**下線を引いたり、スラッシュで区切ったりして設問を分解し、答えるべきことを明確にしてみましょう。**

　経済のグローバル化について、／①そのメリットと／②デメリットを述べ、／③グローバル化を推進すべきか、／④抑制すべきかを論述しなさい。

よって、答案の構成は、
①「経済のグローバル化のメリット」→②「経済のグローバル化のデメリット」→③「推進すべきか、抑制すべきか」
となります。

OK答案

「メリット」が書かれている

　経済のグローバル化とは、資本や労働力が国境を越えて活発に移動し、貿易や海外への投資が増大することによって、世界における経済的な結びつきが深まることである。企業の立場に立つと、原材料や労働力、資金の調達の範囲が世界に広がると同時に、そのスピードも加速化するというメリットが考えられる。
　一方、企業が海外進出して低賃金で現地の人を雇えば、結果として、日本国内での雇用機会が減り、失業率が上昇するなどデメリットも考えられる。

「デメリット」が書かれている

それでも私は、経済のグローバル化を推進していくべきだと考える。少子高齢化が進む日本では、消費人口が減り市場が縮小しているだけでなく、労働人口が減ることで労働力の確保も難しくなっている。経済のグローバル化を進め、諸外国の力も借りながら、経済を発展させていくことを考えていくべきなのである。

 「推進すべきか、抑制すべきか」が書かれている

　このように、**設問を分解し、それに対応する答えをバランスよく書いていくことが大切なのです**。

設問分解トレーニング

　それでは、以下の問題で、正しく設問を分解し、求められている条件を見つけるトレーニングをしてみましょう。

考えてみよう　次の設問を分解すると？

　書籍や新聞とインターネットの情報とを比較して、それぞれのメリットとデメリットを述べなさい。

　この問題で求められていることは3つです。次のように分解できたでしょうか？

　①書籍や新聞とインターネットの情報とを比較して、それぞれ
の／②メリットと／③デメリットを述べなさい。

もう一問やってみましょう。

🔵 考えてみよう　次の設問を分解すると？

　　次の文章を読んで、内容を 200 字程度に要約しなさい。また、筆
　者の主張に対し、自分の意見を 400 字程度で述べなさい。

課題文が付いているタイプの問題です。この問題は、以下のよ
うに分解できます。

　　次の文章を読んで、／①内容を 200 字程度に要約しなさい。ま
　た、筆者の主張に対し、／②自分の意見を 400 字程度で述べなさ
　い。

このように設問を区切ることで、指示の見落としを防ぎましょ
う。

POINT
　☑ 設問の大事なところに線を引いたり、スラッシュで区切っ
　　たりして設問を分解し、答えるべき内容を明確にしよう。

やりがち度　❗❗❗　　危険度　⚡⚡⚡

答案の書き方①

いきなり書き始めるのは…

✏️ いきなり書き始めると、文章がまとまらない！

　いきなり原稿用紙に書き始めて、最後に文章がまとまらなくなったという経験のある人も多いのではないでしょうか。このやり方では、合格できる答案は仕上がりません。では、どうすればよいのでしょうか？　①書き始める前に「メモ」を作る、②メモから3段構成のあらすじを作る、この2つがポイントです。

✏️ 書き始める前にメモを作る

　問題を読んだら、まずは、問題文のキーワードから思いつくことをメモとしてたくさん書き出してみることから始めましょう。この段階では深い考察はまだ必要ありません。また、実際に小論文を書いていく段階でもすべてのメモを使う必要はないので、とにかく思いつくままに書き出してみましょう。

　メモをたくさん作っているうちに、それぞれのつながりが見えてきます。

問題
　日本の１人あたりのGDP（国内総生産）について、……述べなさい。

GDP下落, 実感ない　　　　経済成長の必要性
　　　　　　　　　　　　　　昔はよかった？
・今の生活, そんなに悪くない　今の生活, 続くの？
　　　　収入減

少子高齢化　　　　　　　　　　生産 ⊘減
　　　→労働者減　　　　　　　　↓
　　　　　　　　　　　　　　消費も ⊘減
　男社会　女性の管理職
世代交代 しない　ダイバーシティ

　　　　　　　　　グローバルIT産業
㊤製造業　　アイデア重視
㋹サービス産業
　　　　　　　　　　GAFA

➡ 3段構成を意識し、メモをもとにあらすじを作る

　3段構成とは、文章を「序論」「本論」「結論」の３つに分けて書く構成のこと。この流れに沿って文章を展開していくことで、読みやすく、何を伝えたいのかがわかりやすい文章になります。

- **序論**…意見を端的に述べる
- **本論**…意見についての理由や具体例を述べる
- **結論**…序論につながるようにまとめる

　最初に、これから主張する意見を端的に述べるのが「序論」です。そのあとの「本論」では、「序論」で述べた意見に対しての理由や具体例などを述べて、説得力のある文章にしていきます。最後に、「結論」で「序論」で述べた内容を具体的にまとめるようにすると、「序論」「本論」「結論」がきちんとつながり、主張がわかりやすい文章になります。

　メモをたくさん書き出したら、それぞれのメモが「序論」「本論」「結論」のどれに使えそうかを考えて振り分けながら、小論文全体のあらすじを作っていきましょう。そのあらすじをもとに書き始めることで、読みやすく伝わりやすい、きれいな流れの文章をスムーズに書くことができるはずです。

メモからあらすじを考えよう

序論
○ GDP下落、実感ない。昔はよかった？
　　　今の生活、そんな悪くない

本論

少子高齢化　　労働者減
・
・
・

POINT

☑ いきなり書き始めるのではなく、まずメモを作ろう。
☑ メモをもとに、3段構成のあらすじを作ろう。

伝えたいことを 最初に書けていないのは…

✏ トピックセンテンスを置こう

「トピックセンテンス」とは、**伝えたいことを１つの文に要約したもの**。これを段落の最初に置き、そのあとに説明を加えていくことで、読む人が理解しやすい文章になります。

なぜ伝えたいことを最初に書くと、読む人が理解しやすい文章になるのでしょうか？　それは、**読む人がこの先に書かれている内容を予測しながら読み進めることができる**からです。

書く側にとってもメリットがあります。最初に伝えたいことを書いておくと、そのあとの**説明の文（トピックをサポートするセンテンス）やアイデアがたくさん浮かびやすくなり、内容を展開させやすくなる**のです。

また、段落の終わりにコンクルーディングセンテンス（その段落のまとめ）を入れると、さらに読みやすい文章になります。

次の問題例で、トピックセンテンスがない文章と、ある文章を見比べてみましょう。

問題例

　近年、24時間営業を廃止するコンビニエンスストアが増加している。このことについて、あなたの考えを述べなさい。

NG答案

　コンビニエンスストアが24時間営業を廃止すれば、利用者の少ない深夜の時間帯は店を閉めることができ、経営者の負担や従業員確保の問題、光熱費などの店舗の維持費を軽減できる。しかし、その時間の売り上げはなくなることになる。また、利用者にとっては、24時間いつでも買い物に行くことはできなくなる。つまり、コンビニエンスストアの24時間営業の廃止にはメリットとデメリットの両方がある。

 ここまで読まないと、伝えたいことがわからない

 トピックセンテンス

OK答案

　コンビニエンスストアの24時間営業の廃止には、メリットとデメリットの両方がある。利用者の少ない深夜の時間帯は店を閉めることができ、経営者の負担や従業員確保の問題、光熱費などの店舗の維持費を軽減できる。しかし、その時間の売り上げはなくなることになる。また、利用者にとっては、24時間いつでも買い物に行くことはできなくなる。便利さや売り上げを重視するか、労働環境やコストを重視するかが、コンビニエンスストア営業時間の問題の論点である。

 コンクルーディングセンテンス

トピックをサポートするセンテンス

トピックセンテンス

コンクルーディングセンテンス

3段構成とトピックセンテンス

　前のテーマ（➡ P.26）で、序論・本論・結論の流れに沿って文章を展開していく、3段構成を紹介しました。

　トピックセンテンスは、この序論・本論・結論それぞれの最初に置きます。そして、この3つのトピックセンテンスは、各段落で最も伝えたいことを述べている文章、つまりその段落の内容を一文で要約した文章です。そのため、3つをつなぎ合わせると、全体の内容を表す「ミニ小論文」ができあがるはずです。

　小論文を書き上げたら、トピックセンテンスをつなげて「ミニ小論文」として読んでみて、きちんと筋の通った内容になっているか、伝えたいことが書けているか、確認してみましょう。

POINT
☑ 伝えたいことは最初に書く、という意識をもとう。

答案の書き方③

型に沿ってさえいればよいと考えるのは…

✏ 型どおりに書くだけでは得点は伸びない

　ここでいう型とは、「問題提起は『〜だろうか』と書く」、「『確かに〜。しかし…』を必ず使う」といった言葉の型のことです。このような型を使えば誰でも小論文を書くことができる、といった教え方がされることもあるようです。しかし、単に型に沿って書くだけでは NG です。

　型どおりに書いた答案例を見てみましょう。

📝 問題例

　小学校の授業でパソコン・タブレットなどの ICT 機器を導入することについて、あなたの考えを述べなさい。

NG答案

　小学校の授業でパソコン・タブレットなどの ICT 機器の導入が積極的に進められている。果たして小学校の段階で、一人一台の ICT 機器を導入する必要があるのだろうか。
　確かに、IT 技術の習得やインターネットからの情報収集能力の向上などは、情報化社会を生きていく上で必要なことだろう。そ

のために、ICT機器の活用を進め、将来性のある人材を育成したい国の方針も理解できる。

　しかし、それによって失われることもある。その一つは「書く」という行為である。筆記具を使って文字を書く身体的動作が失われることによって、文章を書く能力が低下するのではないだろうか。AI（人工知能）が文章を自動作成し、それを自動音声が読み上げ、子どもたちはそれをただ聞いている。特に子どもたちの国語力の低下を招きかねないと思うのは、私だけだろうか。

 「〜だろうか」が多すぎる

　「〜なのだろうか」が多すぎると、自分の主張に自信がないと受け取られます。「確かに〜。しかし…」という書き方も、主張が「しかし…」のあとに書かれるため、設問に対して遠回りの答え方となり、低い点数になる可能性があります。

　また、「お決まりの言葉の型」で書けば誰でも小論文を書くことができる、ということは、言い換えれば**「誰もが似たような小論文を書くことになる」ということです**。果たして大学側がそのような答案を求めているでしょうか。**小論文の問題文には、「あなたの考えを述べなさい」とある**ことを思い出してみましょう。特定の「言葉の型」ではなく、序論でこれから主張する意見を端的に書き、本論で理由や具体例などを書いて自分の主張に説得力を持たせ、結論で主張が一貫して伝わるように文章をまとめる、という**「内容的な型」を意識して書く**ことが大切です。

POINT

☑ 序論・本論・結論の流れで自分の主張を展開した「内容的な型」を目指そう。

やりがち度

危険度

07

答案の書き方④

安易に「賛成・反対」で答えてしまうのは…

NG

すべての問題が賛成・反対を聞いているわけではない

　小論文の書き出しがいつも、「私は〜に賛成だ」「私は〜に反対だ」になってしまっている人はいませんか？　そしてその続きがなかなか思いつかないで時間オーバー……。多くの人がやってしまいがちな失敗です。

　しかし、必ず賛成・反対で書き出さなければならないわけではないのです。なぜなら、すべての問題が賛成・反対を聞いているわけではないからです。「えっ！　そうなの⁉」と思った人もいるかもしれません。では、小論文の問題にはどのようなパターンがあるか見てみましょう。

意見対立型

2つの選択肢が与えられ、どちらかを選択して論述する問題です。

 問題例

　幼少期からスマートフォンを持たせることに賛成か、反対か、あなたの意見を論じなさい。

　意見対立型の問題では、**まず賛成か反対かという意見を述べる**のが基本です。**立場を明確にした上で、その理由へと展開**していきます。「賛成でもあり、反対でもあり……」といった中途半端な立場をとることは、設問の趣旨に合いません。また、そのあとを書き進めようとしても、行き詰まってしまい、結論も中途半端な内容になってしまいます。必ず、どちらの立場なのかはっきりと決めてから、書き始めるようにしましょう。

問題解決型

　社会問題などが提示されて、その解決策を論述する問題です。

 問題例

　　近年、日本の教員の労働時間の長さが問題になっています。労働
　時間を短くするためにはどのような対策が考えられるか、あなたの
　意見を述べなさい。

　問題解決型の問題においては、まず、その課題がなぜ起きているのか、**原因を考え、記述**します。そして、その**原因に対し、解決策を出して**いきます。

　この問題例であれば、日本の教員の労働時間が長い原因をまず考えてみましょう。「授業や部活動の指導など、仕事の量が多い」「教員の人員不足で1人何役もの仕事をしている」などが思いつくはずです。このような原因に対し、解決策としては、「地域のスクールに部活動指導を依頼する」などを挙げることができます。

意見提示型

与えられたテーマに対して、自分の意見を論述する問題です。

問題例

　持続可能な開発目標（SDGs）を踏まえて、これからの企業のあり
方について、あなたの考えを述べなさい。

　意見提示型の問題ではまず、**テーマに対する自分の意見を一文
で明確に示す**ようにしましょう。その後、その意見に説得力をも
たせるため、**理由や、根拠となる具体例**などを挙げていきます。
　この問題例であれば、持続可能な開発目標（SDGs）に対し、
企業がどのような姿勢を取るべきかについて、まずは自分の意見
を示し、その後、その理由を挙げていきます。

 自由記述型

自分の考えを自由に論述する問題です。

問題例

　「平和」について、あなたの考えを述べなさい。

　最もつかみどころのない問題だと感じられるかもしれません
が、**大きなテーマが提示されている場合も、小さな視点で具体的
に考えてみる**ことから始めてみましょう。

　この問題例であれば、紛争が起きている地域、外交上の歴史的な対立、核軍縮などの国際的な平和維持のための努力、というような視点で考えられます。そして「平和」とは、私たちの生活においてどのような状態で、どうすれば守ることができるのかということについて、少しずつ視点を狭めて、自分の問題にまで近づけていきます。

　このように、小論文には大きく４つのパターンがあり、**賛成・反対を問われていない問題もあるのです**。どんな問題でも、何が問われているのかを理解して、答えるべきことを明確にすることが大切です。

「問題解決型」小論文があらわれた！

　賛成・反対を示す
▶　解決策を示す
　自分の意見を明確に示す
　考えを自由に示す

POINT

☑ どんな問題にも「賛成・反対」で答える必要はない。

☑ それぞれの設問に応じた答え方をしよう。

08

答案の書き方⑤

答案の内容のバランスが悪いと…

NG

➡ バランスが悪いってどういうこと？

答案の内容のバランスが悪い、とは、序論・本論・結論の字数配分が適切ではないということです。例えば、問題解決型の小論文で、とにかく思いつくだけの問題点をたくさん並べたせいで、序論がものすごく長く、頭でっかちな小論文になってしまうとか、書き終わったとき字数が余りすぎていたために余計なことを書き足してしまい、結論が膨らんでしまうといった失敗が挙げられます。

字数を少しでも多く埋めることに一生懸命になりすぎると、バランスの悪い構成になってしまいがちです。そうならないように、指定字数に応じたバランスのよい書き方について知っておきましょう。

✏️➤ 400字程度の小論文の理想的なバランス

　400字程度の字数は、意外とすぐ埋まってしまいます。序論・本論・結論としてまとめた内容以外のことを書く余裕は、ほとんどないでしょう。序論はコンパクトに、**言いたいことを要約した1つの文（トピックセンテンス）にしましょう**。本論・結論は、やや結論を短めで構成すると、すっきりした文章になります。文字数が少なめなので、内容によっては本論と結論が同じぐらいの量になってもかまいません。

　少ない字数でバランスよくまとめるために、書き始める前に作ったメモは、設問に対してより重要度の高いものだけを残して、主張に直接関わらないものは除いてしまいましょう。**多くのことを詰め込もうとせず、主張に対して一点勝負**、がコツです。

序論	本論	結論
50字程度	300字程度	50字程度

400字程度

▶ 800字程度の小論文の理想的なバランス

　800字程度の場合は、序論・本論・結論としてまとめた内容を書いていくだけでは、スペースが余ってしまうかもしれません。ただし、字数を埋めるためだけに序論を長く書きすぎたり、結論の引き延ばしをしたりしないようにしましょう。主張と直接関わりのない余計なことを書いてしまうことになりがちだからです。

　まずメモの量を増やし、書く材料を多めに用意すること。そして、**具体例を複数用意し**、さらにそれぞれの**具体例をより詳しく説明する**ことで、序論・本論・結論のつながりを崩すことなく字数を増やすことができます。

序論	本論	結論
100字程度	600字程度	100字程度

◀─────────────────────────────────▶

800字程度

✏ バランスのよい小論文を書くために

　全体のバランスは、400字程度でも800字程度でもほとんど変わりません。**序論：本論：結論＝1：6：1**をめやすに覚えておきましょう。本論で書いた内容が多岐に渡る場合は、結論が序論に比べて少々長くなっても構いません。

　先にある程度字数を決めておいて、**原稿用紙に印をつけておく**のもおすすめです。

序論：本論：結論＝１：６：１

　☑ 序論：本論：結論＝１：６：１くらいの配分で書こう。

　☑ 書き始める前に、ある程度字数の配分を決めておこう。

09

答案の書き方⑥

序論と結論がズレてしまっているのは…

➡ 「話がズレる」ってどういうこと？

普段のコミュニケーションでも「話がズレている」と指摘したり、指摘されたりしたことがあるでしょう。この「話がズレる」というのは小論文でも起こり得るミスです。小論文においては、序論と結論で内容がつながっていない状態のことを指します。

ここでは、そのような序論と結論のズレを防ぐ書きかたについて説明します。

➡ 序論と本論のつながり

🖊 問題例

私たちはSNS（ソーシャルネットワーキングサービス）をどのように利用していくべきか、あなたの考えを論じなさい。

NG答案
　序論とつながらない内容

　LINE でのやり取り、Twitter や Instagram での情報交換など、SNS は生活になくてはならないものになっている。
　その一方で、SNS での誹謗中傷が大きな社会問題となっている。SNS での心ない一言が他人の人生を大きく左右するという事実を義務教育で教えるべきだ。なぜなら、誹謗中傷の本当の恐ろしさは、実際にその立場になって考えてみないと理解できないからだ。
　誹謗中傷によって、自ら命を絶つ事件も起きているといった事実も含めて、義務教育できちんと教えるべきだ。さらには、事件につながりそうな発信に対しては、SNS の利用を強制的に停止するなどの対策も必要である。

　本論では序論で述べた内容の理由や根拠を示すべきですが、**本論が序論の主張をまったく受けていない**ので、このあと序論とは関係のない、SNS における「誹謗中傷」の話がどんどん続いていくことになってしまいました。その結果、序論と結論もズレてしまったわけです。

　こうしたズレを防ぐために、本論では、序論に対して「なぜならば」でつながる内容を書くことがおすすめです。

　「なぜならば」で序論とつながる内容

OK答案

　LINE でのやり取り、Twitter や Instagram での情報交換など、SNS は生活になくてはならないものになっている。
　SNS は自分の意見や画像、動画を発信することや、他の人とのつながりや交流を広げることができる。……

序論と結論のつながり

ズレが始まった

　LINE でのやり取り、Twitter や Instagram での情報交換など、SNS は生活になくてはならないものになっている。
　SNS は自分の意見や画像、動画を発信することや、他の人とのつながりや交流を広げることができる。一方、安易な個人情報の公開により、本来知られたくない情報を不特定多数の人に知られてしまうという危険性がある。ソーシャルハラスメントや誹謗中傷による事件もあとを絶たない。
　SNS を利用する前に、SNS の仕組みやよりよい利用方法、危険性についてきちんと教育を受けるべきだと考える。

　序論を受け本論も SNS の利便性からスタートしましたが、「一方、」で SNS の危険性の話に転換したところから、話のズレが始まってしまいました。その結果、序論と結論がつながらなくなってしまっています。

　こういったズレを防ぐために、メモからあらすじを構成する際（➡ P.26）、論理的な組み立てを意識しましょう。

読み直しをしてズレに気づいたら

　実際の試験の場では、書き終わった段階でズレに気づいても、書いた文章をもう一度最初から書き直すことは、時間的にも精神的にも不可能でしょう。最終チェックで序論と本論、もしくは結論とのズレが見つかったら、**本論・結論に合わせて序論を書き換えるしかありません**。

例えば、左ページの NG 答案例であれば、以下のように序論を書き換えれば、序論と結論がつながる文章になります。

結論とつながるよう、序論を書き換えた

OK答案

小学生でもスマートフォンを持つようになった以上、小学校でのメディアリテラシー教育を必須とするべきだ。

SNS は自分の意見や画像、動画を発信することや、他の人とのつながりや交流を広げることができる。一方、安易な個人情報の公開により、本来知られたくない情報を不特定多数の人に知られてしまうという危険性がある。ソーシャルハラスメントや誹謗中傷による事件もあとを絶たない。

SNS を利用する前に、SNS の仕組みやよりよい利用方法、危険性についてきちんと教育を受けるべきだと考える。

小論文に書く意見は、自分の立場を決める重要なものですが、時には、論理やつながりを優先して、意見を変えることも選択肢に入れましょう。

POINT
☑ 話のズレに注意！　論理やつながりを大切に！

10

やりがち度 ! ! !　　危険度 ⚡⚡⚡

答案の書き方⑦

同じ内容をずっと繰り返しているのは…

✏ 同じ内容の繰り返しは点数につながらない

　まずは、コンビニエンスストアについて書かれた次の文章を見てください。

✕ 同じことの繰り返し

NG答案

　コンビニエンスストアは、便利な店だ。24時間いつでも開店していて、いつでも利用できる。早朝でも、深夜でも、他の店が開いていない時間に買い物ができるので、とても便利だ。とても便利なので、利用客にとってもありがたい存在。1つの店で、食料品や日用品など多くの商品を扱っているので、とても便利だ。

　「便利（な店）だ」、の繰り返しがダラダラ続いている文章です。小論文を書いていて次の内容が思い浮かばなくなり、無理に文章を引き延ばそうとしてついつい同じ内容を繰り返し、内容の薄い文章になってしまう……。これでは低得点確定です。

　では、どのように書けばよいかを考えてみましょう。

▶ 繰り返しを卒業する、3つの方法

先ほどの NG 答案は、「コンビニエンスストアは、便利な店だ。」という 1 文目に続けて、同じように「便利（な店）だ」と同じ文言を何度も書いてしまっていることが問題でした。それでは、同じ「コンビニエンスストアは、便利な店だ。」という 1 文目に対して、内容のある文章をつないでいく方法を 3 つ説明します。

① 「誰が（に）」「何を」「どのように」を書く

OK答案

コンビニエンスストアは、便利な店だ。コンビニエンスストアの多くは 24 時間いつでも開店しているため、夜遅くまで働いている人でも、他の店が開いていない時間に食料品や日用品を買うことができる。

コンビニエンスストアの便利な点について、「誰が（に）」「何を」「どのように」を明らかにしながら説明することで、より 1 文目の説得力が増します。また、具体的に説明されているので、読む人に伝わりやすい文章になります。

②「対比関係」(〜に対して・〜だが) を使って書く

　　コンビニエンスストアは、便利な店だ。スーパーマーケットは、夜間は営業していない店が多く、定休日を設けている店もある。それに対して、コンビニエンスストアの多くは 24 時間いつでも開店しているため、早朝でも、深夜でも、他の店が開いていない時間に買い物ができる。

　コンビニエンスストアとスーパーマーケットを対比することで、コンビニエンスストアの便利さを強調することができます。

③「因果関係」(〜だから・〜なので・〜によって) を使って書く

　　コンビニエンスストアは、便利な店だ。単身者や共働き世帯では、夜間にしか買い物ができない場合がある。だから、コンビニエンスストアは、深夜でも気軽に利用できる店として、多くの消費者の支持を得ているのである。

　コンビニエンスストアが多くの人の支持を得ている理由を述べることによって、主張がより確かなものになります。

POINT

☑ 「誰が（に）」「何を」「どのように」を書こう。

☑ 「対比関係」「因果関係」を使って文章をつないでいこう。

やりがち度 ❶❶❶　　危険度 ⚡⚡⚡

11

答案の書き方⑧

重要度の低い内容を
書いてしまっていると…

NG

➡️ 解決に結びつく「仕組み」を考えてみよう

　採点者から「内容が薄い」という、厳しい指摘を受けたことは
ありませんか？　自分ではしっかり書けたつもりなのに、このよ
うな指摘で答案が返却されたらショックは大きいですよね。

　小論文の設問で取りあげているテーマが身近なものであればあ
るほど、**多くの意見が浮かび上がってしまい、逆にまとまらなく
なりがちです。**

　では、どうすれば内容の濃い小論文が書けるのか、次の問題を
例に、考えてみましょう。

✏️ 問題例

　不登校を減らすにはどのような対策が考えられるか、あなたの考
えを述べなさい。

　「本人が学校に行かないのは仕方がない」「不登校も本人の判断
なので認めるべきだ」「学校が悪い」「親のしつけの問題だ」
　まず、このような意見を思いついた人は要注意です‼

　不登校を減らす「対策」を求められているのですから、不登校を容認する内容や、他者の責任追及だけの内容では解答にはなりません。したがって、いくら書いても高得点にはつながりません。

　また、「頑張って学校に行ってみる」「親がサポートする」といったことを対策として挙げるのも、適切ではありません。ここでは、「あいまいな心がけ」「あいまいな努力目標」ではなく、**問題解決のための具体的な「仕組み」を考えることが大切です。**

解決策が実現可能か考えよう

　問題解決のための「仕組み」をいくつか考えたら、それらが実現が可能かどうか、効果があるかどうかを現実的に判断して、**より実現可能で効果的な解決案を選択していきましょう。**

　次のような表にして検討していくと、自分の考えをすっきり整理することができます。

不登校を減らすための解決策の評価

解決策	実現可能性	効果
①いじめを収束させる	△	○
②友人関係を修復させる	△	○
③クラスを変更できるようにする	○	○
④学力向上のためのサポートをする	○	△
⑤カウンセラーを配置する	○	◎
⑥専門医に相談をする	◎	◎

　①や②のような、相手の行動が関わってくる解決策は、残念ながらすぐに実現する可能性が見込めないので、小論文では扱いにくい解決策です。③・④のように、学校・教師の努力次第で実現可能な解決策がよいといえます。

　また、⑤・⑥のように、専門家が関わるような解決策は、第三者が介入することで解決への道筋が開ける可能性があり、効果的だと考えられます。

　こうしてひとつひとつ評価しながら選択した解決策のなかから、**自分が書きやすいもの（これは人により異なります）に絞って書くと、よりよい小論文になります。**

こうした解決策を考えるためには、さまざまな問題について**日頃から自分なりに考えて、意見をもっておくことが大切**です。特に、自分の志望学部に関係するトピックには、しっかりとアンテナを張っておくようにしましょう。

日頃からアンテナを張ろう

POINT
☑ 「心がけ」でなく、問題解決のための「仕組み」を提案しよう。
☑ 課題への解決策は、実現可能なものを選ぼう。

答案の書き方⑨

主張を補強する根拠・理由を挙げられていないと…

根拠・理由が妥当でないと自分の意見が伝わらない

小論文で自分の意見を述べる際には、根拠や理由をしっかり書かなければなりません。「根拠があいまい」「理由の説明が弱い」などと添削される場合、妥当な根拠・理由を挙げられていないのかもしれません。

では、読む人に自分の意見が伝わる根拠を書くためには、どのようなことに気をつければよいのでしょうか。

知識をもとにして、妥当な根拠を挙げていこう

自分の意見に対して、どのような根拠や理由を述べるかは、小論文全体の出来に大きく関わります。

妥当な根拠・理由といえるものの基準は、以下のとおりです。

- 主張に対して強いつながりがあるもの
- 問われている内容に沿っているもの
- 客観的で説得力があるもの
- 主観的（感情的）でないもの

妥当な根拠・理由を選ぼう

- 主張に対して強い
  つながりがあるもの
- 問われている内容に
  沿っているもの

- 客観的で説得力があるもの
- 主観的（感情的）
  でないもの

　このような根拠・理由を示すための客観的な事実やデータは、試験本番にその場ですぐに思いつくものではありません。小論文でよく出題される頻出テーマに関しては、**事前にたくさんの根拠・理由を知っておいて、それをノートなどにまとめておく**ことがまずは大切です。そのうえで**客観的でより説得力のある、強い根拠・理由を挙げる**ようにすれば、自分の立場をより強く主張した小論文を書くことができます。

根拠・理由を答案にどう書くか

　それでは、このようにして挙げた根拠・理由を、実際の答案にする際にどのようにまとめればよいのでしょうか。

　根拠や理由が１つの場合は、**「私は〜に賛成である。なぜなら〜（根拠）だからである。」**という書き方がよいでしょう。

○「理由」が明確

OK答案

　私は原子力発電に賛成である。なぜなら、発電時に二酸化炭素を排出しないからである。二酸化炭素の排出量が増えれば、国際社会が目指している二酸化炭素削減の方向に逆行することになってしまう。

　根拠・理由が複数ある場合は、**「私は〜に賛成である。その理由として、第一に〜（理由）だからである。第二に〜（理由）だからである。」**と順序を示す言葉を入れると、わかりやすくなります。

○「理由」が複数あることが明確

OK答案

　私は原子力発電に反対である。その理由として、第一に核廃棄物の処理が困難だからだ。核廃棄物は半永久的に管理しなければならず、核廃棄物の処分費用や管理費用のコストがかかり続ける。第二に地震が多発する日本では、東日本大震災のときのように大事故につながる危険性があるからだ。

➡ 「賛成」か「反対」かは、評価に関係ない

　特に意見対立型の小論文では、よほど極端な内容（「平和に反対だ」「人種差別に賛成する」など）でない限り、「賛成」「反対」どちらの立場を選んでも、それが小論文の評価に関わることはありません。

　たとえ自分の考えと一致しない立場であっても、より強い根拠・理由を示すことができる立場で書いたほうが、説得力のある小論文になります。先に立場を決めて根拠・理由を考えるべきだと思いがちですが、**先に根拠・理由を挙げて、立場を決めるのは後でも問題ありません**。

POINT
　☑ より強い根拠・理由で、説得力をもたせよう。

答案の書き方⑩

具体例が1つもない

のは…

具体例が1つもないと伝わりづらい文章に…

まずは、次の2つの答案例を読み比べてみてください。

NG答案

> 私は、小学校のすべての教科でICT機器を一斉に導入すること
> には反対である。
> ICT機器を使った学習スタイルがふさわしくない教科もある。
> 教科ごとに目的を明確にした上で、段階的に導入するべきだと考
> える。

OK答案

私は、小学校のすべての教科でICT機器を一斉に導入すること
には反対である。

例えば国語の授業を考えてみたい。ICT機器を導入すれば、筆
記具を使って作文などを書く機会が激減するだろう。文字を書く
身体的動作が失われることで、漢字や語彙を記憶しにくくなると
考えられる。このように、ICT機器を使った学習スタイルがふさ
わしいとはいえない教科もあるため、教科ごとに目的を明確にし
たうえで、段階的に導入するべきだと考える。

　どちらも、小学校のすべての教科でICT機器を一斉に導入することに反対する文章です。「ICT機器を使った学習スタイルがふさわしくない教科もある」という理由も共通していますが、2つめの文章のほうが、その理由付けに説得力があるように感じませんか？

　比べてみると、2つめの文章には、「国語の授業」という具体的な例が挙げられています。そのため、「ICT機器を使った学習スタイルがふさわしくない教科」がより明確にイメージしやすく、「ICT機器を一斉に導入することに反対」という主張がより伝わりやすくなるのです。

　このように、**具体例は、文章をよりわかりやすくするために必要なもの**です。また、具体例を入れることで、文字数を効率的に稼ぐこともできます。

▶ 問題に「具体例を挙げて述べなさい」とあることも…

　さらに、問題によっては、「〜について、具体例を挙げて述べなさい」のように、具体例を入れることが問題の条件に含まれている場合もあります。このような問題では、**具体例を書いていないと答案として不十分になってしまいます**。

✏️▶ 問題解決型の小論文では、具体的な解決策を書こう

　特に問題解決型の小論文では、具体的な解決策を提案することが大切です。

　例えば、次の問題例で考えてみましょう。

✏️ 問題例

　　近年、日本の教員の労働時間の長さが問題になっています。労働時間を短くするためにはどのような対策が考えられるかについて、あなたの意見を述べなさい。

　この問題に対して、「教員1人あたりの仕事の量を減らす」「教員の数を増やす」という解決策を提示するのでは、十分とはいえません。もう少し具体的な解決策を考えてみましょう。

　問題解決型の小論文は、その問題がなぜ起きているのか事実を理解することから始まりますが、ここでなるべく原因を突き詰めて考えることが、具体的な解決策を導き出すためには必要です。**このとき、「なぜならば」で考えを深めていくと、原因をより具体化することができます。**

- -

例 教員の労働時間が長い
→（なぜならば）仕事の量が多い
→（なぜならば）授業準備以外の仕事も多い
→（なぜならば）部活動の指導なども任されている

- -

　「部活動の指導を任されている」という具体的な原因にたどりつくことができたので、「部活動指導の時間を減らす」ための解決策を考えてみましょう。ここでは **「そのためには」でつなげて考えることで、解決策をより具体的なものにしていきます。**

例 教員の部活動の指導時間を減らす
→（そのためには）教員以外の人が部活動の指導をする
→（そのためには）地域のスクールに外部講師を依頼する

　このようにして、「地域のスクールに外部講師を依頼し、教員の部活動の指導時間を減らすことで、日本の教員の労働時間を短くする」というように具体的な解決策を提案することができます。

POINT

☑ 具体例を入れて、よりわかりやすい文章を目指そう。

☑ 問題解決型では、「なぜならば」「そのためには」で考えを深めて、具体的な解決策を提案しよう。

答案の書き方⑪

自分のエピソードばかり 書いてしまっているのは…

➡ 「自分語り」に終始しない

「作文になってしまっている」「感想文と変わらない」、そんな指摘を受けたことはありませんか？　そのような指摘を受ける人は、自分の個人的エピソード、つまり「自分語り」だけで終わっているのかもしれませんね。

例えば、次の答案例を見てみましょう。

問題例

日本における介護制度の問題点について、具体例を挙げながら論じなさい。

NG答案

私の祖母は、3年前に認知症を患った。そのときから、家族みんなでの介護が始まった。危険がないように一緒に散歩したり、食事の補助をしたりしている。家族の時間の多くは祖母のために使われ、時には介護のあり方や方針について、家族の間でけんかになることもあった。

家族だけでは認知症の介護は大変すぎると感じるので、社会全体で認知症患者をサポートしていくことが必要だ。

✕　すべてが自分の体験談

　このNG答案は、自分の体験談ばかりで、設問で問われている「日本における介護制度の問題点」には、全く触れられていません。これでは不合格となってしまいます。

　具体例として自分の体験を入れるのが効果的な場合もありますが、**個人的なエピソードや体験談は、主観的な文章になってしまいがち**です。小論文は、あくまで客観的な事実にもとづく意見や内容が求められるので、体験談は具体例の補強にとどめましょう。

 ## 体験を一般化しよう

　小論文の問題のなかには、自分の体験を問う設問もあります。その場合は、どうすればよいのでしょうか。次の問題例を見てみましょう。

問題例

　高校時代の海外留学経験が大学での学びに与える影響について、自分の体験にもとづき、あなたの考えを論じなさい。

　※高校時代に海外留学経験がある生徒を対象とした問題

NG答案　　　　　　　　　　　❌ すべてが体験談

　私は、高校2年のときにニュージーランドに留学した。そのとき感じた留学することのメリットは、海外の文化や習慣を知ることで、異文化への理解が深まることだ。留学先には、多くの国からの留学生が集まっていたため、多様な文化に触れ、価値観も広がった。また、日本人がほとんどいない環境では、自分がマイノリティであることが強く意識され、日本にいるとき以上に自分を見つめ直す機会があった。外国の人に日本のことを話すことで、

留学する前よりも日本に対しての興味も広がったように思う。

　このように留学にはメリットがたくさんあるので、積極的に留学すべきだと考える。

 海外留学のメリットを聞かれているわけではない

　こちらの設問には、確かに「自分の体験にもとづき」とありますが、自分の留学体験をひたすら書いているだけでは、小論文ではなく留学後の「感想文」になってしまいます。また、設問にある「留学経験が大学での学びに与える影響」についてまったく示されていないので、大幅な減点の原因になってしまいます。

　大切なのは、**自分の体験を一般化して論じる**ことです。次の答案例を見てみてください。

 体験を一般化している

OK答案

　学生時代の海外留学は、大学での学びをより有意義にすると考える。

　私は、高校２年のときにニュージーランドに留学した。留学先には多くの国からの留学生が集まっていたため、多様な文化に触れ、価値観が広がった。異文化の理解は、さまざまな専門分野への理解、専門知識の習得につながる。また、日本人がほとんどいない海外の環境では、自分がマイノリティであることが強く意識される。この経験から、これまでの当たり前だと思っていた知識や理論・常識をいったん疑い、それが本当に正しいかどうかを批判的に考える力や、何が問題なのかを発見し、新たな解決法や対処法を見つけ出していく力が身につくと考えられる。

　以上のことから、日本の大学での学問や研究のレベルを上げるためにも、学生時代の海外留学を積極的に進めるべきだと考える。

　自分の留学体験をもとに、留学で経験できることが大学の学びにどのような影響を与えるのかを、しっかり書くことができています。「自分語り」に終始せず、そこからどんなことが主張できるのか、ということを考えながら小論文を書くようにしましょう。

「自分語り」に終始しない！

15

答案の書き方⑫

差別や偏見を含む内容を書いてしまうのは…

✏️▶差別や偏見はダメ！　答案に書くのは絶対ダメ！

　人種、国籍、思想、性別、障がい、職業、外見などにもとづいて、個人や集団を**誹謗・中傷する**、けなす、**差別する発言は、「ヘイトスピーチ」**と呼ばれ、社会的にも問題になっています。

　もちろんそういった差別や偏見を含む内容は、小論文でも絶対に書いてはいけません。次のような答案は当然ながら NG です。

NG答案　　　　　 ✖ 根拠のない差別発言

　私は、日本で移民を積極的に受け入れるべきではないと考える。外国人が多く入ってくると、犯罪が増え、地域社会の安全が脅かされることになってしまう。

NG答案　　　　　✖ 「女性＝細やかな気遣い」は偏見

　女性が活躍できるように、社会全体でもっと支援していくべきだ。商品開発などにおいて、男性に比べて細やかな気遣いができる女性の意見がより反映されるようになれば、経済の活性化にもつながるだろう。

思い込みが差別や偏見につながる

多くの人の間に浸透している固定観念や先入観、思い込みのことを「ステレオタイプ」といいます。例えば、「男性はたくましい、女性はおしとやか」「男の子は青色、女の子は赤色」「血液型がA型の人は真面目、O型の人は大雑把」といったものです。

こうした考えはあくまでも固定観念・イメージにすぎず、何の科学的根拠もありません。実際には、人によってそれぞれ異なるものです。しかし、こうした固定観念・イメージから生まれる差別や偏見は、現代社会でも大きな問題となっています。

過去の個人的な経験などから、「アンコンシャス・バイアス（＝自分自身は気づいていないものの見方やとらえ方のゆがみや偏り）」をもってしまっている場合もあります。アンコンシャス・バイアスは、ヘイトスピーチやステレオタイプに強く関わっていると考えられているので、注意が必要です。

自分の意見が周囲にどのような影響を与えるか、誰かを傷つけていないか、相手への配慮を常にもちながら、意見を発信するようにしましょう。

POINT
☑ 人を傷つける「差別」や「偏見」を含む内容は一発アウト！
☑ アンコンシャス・バイアスに気をつけよう。

16

やりがち度 ! ! !　　危険度 ⚡⚡⚡

課題文のある小論文①

課題文を誤解して読み取っているのは…　NG

➡ **課題文のある小論文は、読み取りが命！**

　課題文がある小論文で、肝心の課題文を読み違えてしまうと、設問に正しく答えることはできません。では、課題文はどのようなことに気をつけて読めばよいのでしょうか？　現代文の読解にも通じるこのテーマを一緒に見てみましょう。

➡ **筆者の主張をとらえるための３つのポイント**

① 対比関係をとらえる

　筆者は、意見を主張するために比較対象を持ち出すことがあります。**筆者が「何と何を」「誰と誰を」「どことどこを」「いつといつを」比べて、どのようなことを主張しているのか**を読み取りましょう。

○ **ヒントになる言葉**
　「×に対し、○は…」「〜より」「一方、…」「逆に」
　「確かに×もいい。しかし、○は…」

② イコール関係をとらえる

筆者は、主張を何度も繰り返します。もちろんまったく同じ言葉で繰り返すわけではありません。**「具体↔抽象」のように、形を変えて繰り返す**（➡ P.73）ので、それをとらえることが大切になります。

⊙ **ヒントになる言葉**
「たとえば」「〜の例だ」「このように」「すなわち」

③ 因果関係をとらえる

筆者は、必ずその意見を述べる理由・根拠も書いています。因果関係を間違って読み取ると、まったく違う結論を導いてしまいます。文章の道筋をしっかりつかみましょう。

⊙ **ヒントになる言葉**
「〜だから」「なぜなら〜」「〜のため」「〜なので」
「〜のおかげ（→よい結果）」「〜のせい（→悪い結果）」

課題文を読む際、ヒントになる言葉に印をつけて文章の関係をつかみながら読めば、正しく読み取ることができます。

POINT
☑ 「対比関係」「イコール関係」「因果関係」の3つをつかんで、課題文を正しく読み取ろう。

17

課題文のある小論文②

要約に具体例を入れる のは… NG

✏ **筆者の主張を簡潔に記述しよう**

　課題文に書いてあることをただ切り貼りしても、それは要約とはいえません。要約とは、**筆者の主張をわかりやすく整理して、筆者の論理展開に沿って簡潔に記述する**ことなのです。では、どうすれば要約できるかを見ていきましょう。

✏ **要約文に「必要な要素」と「不要な要素」**

　要約文の中には、「○○について、××だ」という筆者の主張がわかるよう、**「テーマ」「主張」「結論」を必ず書きます**。一方、**「具体例」**や「体験談」は要約には必要ありません。具体例や体験談は、主張の根拠となったり、読み手を説得したりする材料にすぎないからです。

　筆者の主張は、文章中の抽象的に書かれている部分から読み取ることができます。そのため、文章を要約するときに、書かれている内容が**抽象的か具体的かを見抜くことで、要約に必要な要素か不要な要素を見分ける**ことができます。

具体・抽象とは？

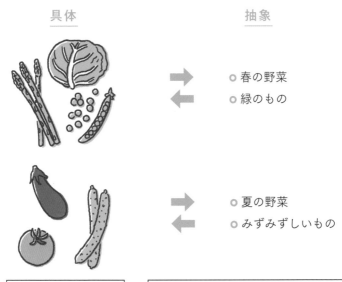

具体 抽象

○ 春の野菜
○ 緑のもの

○ 夏の野菜
○ みずみずしいもの

| 実体がある | 共通する性質をおおまかにまとめている |

　具体とは、個別の実体のある物事のことです。細かい特徴がわかるので、読み手とイメージを共有できる効果もあります。

　抽象とは、個別の具体的なものから共通した事項のみ抜き出したものです。

　文章は、具体的なものを抽象的にまとめたり、抽象的なものを具体的に説明したりすることを**繰り返し**ています。ですから、文と文をつなぐ**接続語**に注目することも重要です。

次の問題文は、具体的内容をグレーに色分けしています。それ以外の部分が抽象的内容です。色分けと接続語に注目して要約例を見てみましょう。

問題例 次の文章を要約しなさい。

季語*を見たら、すぐにその時候を連想できるのがよい。<u>例えば、チョウといったら、ヒラヒラとした小さい羽のある虫が行ったり来たりするような風景を表すだけではなく、春にようやく暖かくなって草木がわずかに芽吹き、黄色い花や緑の草のある風景に数人の男女が楽しんでいるような光景をも連想させるものだ。</u>このような連想があって始めて十七字の世界に無限の趣きが生じる。だから季語の連想を理解しない者は、終に俳句を理解しない者なのだ。

正岡子規 『俳諧大要』（現代語に訳してある）

*原文では「四季の題目」（この時代「季語」という言葉はなかった）

NG要約 ✕ 具体例を抜き出している

チョウといったら、ヒラヒラとした小さい羽のある虫を表すだけでなく、春の光景をも連想させるものだ。

OK要約 〇 抽象的な部分から主張をとらえている

季語を見たら、時候を連想するのがよい。季語の連想を理解して初めて俳句を理解することができる。

　問題文を要約するときには、ヒントになる言葉に気をつけて、**抽象的な表現に線を引きながら、必要な要素を見極めて、「テーマ」について「主張」と「結論」をまとめ**ましょう。

◎ **抽象的内容のヒントになる接続語**
　「このことが示しているのは」「一般的にいえば」
　「一言でいえば」「以上のように」「このような」
◎ **具体的内容のヒントになる接続語**
　「例えば」「どのようなものかというと」「実際に」

POINT
　☑「テーマ」について、「主張」と「結論」をまとめる。
　☑「主張」は、抽象的な表現で書かれている。

傍線部の読解には時間をかけて、正確に！

小論文でも現代文の問題と同じように、傍線部の内容について問われることがあります。

問題例 傍線部のように筆者が論じる理由を答えなさい。

……物理学が記述する自然の客観的な真の姿と、私たちの主観的表象とは、質的にも、存在の身分としても、まったく異質のものとみなされる。……
河野哲也『意識は実在しない』

このような問題を解く際は、いきなり答案を書き出す前に、まず**傍線部の内容を正しく読み取ることが大切**です。

①「物理学が記述する自然の客観的な真の姿」とはどのようなものか。
②「私たちの主観的表象」とはどのようなものか。
③「質的・存在の身分として」は、どのように異質なのか。

　このように**傍線部を分解して、項目ごとに本文でどのように述べられているか**を書き出していきます。

> ➡️　　　　設問文に沿って答えよう

　傍線部自体の読み取りができたら、設問文で何を問うているのかに沿って答えをまとめます。

　設問文には**「なぜか」のように理由を聞いているもの**と、**「〜とはどういうことか」のように説明を求めているもの**があります。理由を聞く設問文では、「〜だから」につながるようにまとめます。説明を求める設問文では、「〜ということ」につながるようにまとめます。

COLUMN　　　　　「解答の独立性」

　「解答の独立性」とは、第三者がその文章だけを読んで意味・内容がわかることです。小論文の場合は、課題文を読んでいない人が正しく理解できるかを想定します。小論文や現代文の記述問題では、「独立した」文章を書く必要があります。

POINT
　☑ **傍線部を分解して、本文でどのように述べられているかをとらえ、設問文に沿ってまとめよう。**

やりがち度　🔋🔋🔋　　危険度　⚡⚡⚡

課題文のある小論文④

「意見」を書けていない

のは…

NG

✏️　　**小論文では自分の「意見」が必要**

　現代文は、「本文に何が書いてあるか」を読み取って答える科目ですから、自分の意見や独自の解釈を入れてしまうと不正解になります。

　一方、**小論文は、設問に対して、自分の意見を論理的に説明する文章**です。自分の意見がきちんと書けていないと合格答案にはなりません。では、そもそも何が「意見」となるのでしょうか。

✏️　**「意見」とは、事実から解釈して提案すること**

　小論文では、単なる事実や現状分析を書いただけでは不十分です。そこから解釈して、**問題解決につなげたり提案できたりして初めて、意見が書けている合格答案**になります。

事実から解釈して提案しよう

事実	解釈	提案
雲が出てきた	雨が降るかもしれない	傘を持っていこう

解釈して提案するには

　事実や現状を解釈して提案につなげるためには、「WHY」と「HOW」で掘り下げていくのが有効です。

- **WHY（なぜ）**
  - ・その問題が起きるのはなぜか、背景を考察する
  - ・自分がなぜそう考えるのか、より深く突き詰める

- **HOW（どのように）**
  - ・どう解決するか、アイデアをメモに書き出してみて取捨選択する

　事実や自分の現状から一歩踏み込んで考えることで、「意見」として、問題解決や提案につなげられるようにしましょう。

POINT
☑ 自分の考えを深めて、解決や提案につなげるのが「意見」！

筆者の意見の丸パクリ

では…

➡️ 「丸パクリ」の「切り貼り」では合格できない

「意見」が書けていても、筆者の意見をそのまま切り貼りした
だけの文章では、合格点は取れません。**課題文を正確に読み取る
だけでは不十分**だということが、課題文のある小論文の一番の落
とし穴です。

問題例を見てみましょう。

> **問題例** この文章を踏まえて、介護の現場で求められる姿勢
> について、あなたの意見を述べなさい。

日本語には、触覚に関する2つの動詞があります。
①さわる ②ふれる
英語にするとどちらも「touch」ですが、それぞれに微
妙にニュアンスが異なっています。たとえば、怪我をした
場合を考えてみましょう。傷口に「さわる」というと、な
んだか痛そうな感じがします。さわってほしくなくて、思
わず患部を引っ込めたくなる。では、「ふれる」だとど
うでしょうか。傷口に「ふれる」というと、状態をみた
り、薬をつけたり、さすったり、そっと手当てをしても
らえそうなイメージをもちます。痛いかもしれないけど、

ちょっと我慢してみようかなという気になる。（中略）言い換えれば、「ふれる」は人間的なかかわり、「さわる」は物的なかかわり、ということになるのでしょう。

相手が人間である場合には、この違いは非常に大きな意味を持ちます。たとえば、障害や病気とともに生きる人、あるいはお年寄りの体にかかわるとき。冒頭に出した傷に「ふれる」はよいが「さわる」は痛い、という例は、より一般的な言い方をすれば「ケアとは何か」という問題に直結します。ケアの場面で、「ふれて」ほしいときに「さわら」れたら、勝手に自分の領域に入られたような暴力性を感じるでしょう。逆に、医者が患者の体を触診するときのように「さわる」が想定される場面で過剰に「ふれる」が入ってきたら、その感情的な湿度のようなものに不快感を覚えるかもしれません。ケアの場合において、「ふれる」と「さわる」を混同することは、相手に大きな苦痛を与えることになりかねないのです。

伊藤亜紗『手の倫理』（一部改変した）

NG答案　　丸パクリで自分の意見がない

触覚に関する2つの動詞「さわる」と「ふれる」は違う。傷口に「さわる」というと、なんだか痛そうな感じが、傷口に「ふれる」というと、ちょっと我慢してみようかなという気になる。介護の現場では、「ふれる」と「さわる」を混同しないようにする姿勢が求められる。

課題文をそのまま切り貼りしただけの文章になってしまっています。「筆者の意見」に「あなたの意見」を加えて文章を組み立ててみましょう。

「筆者の意見だけ」にならないためには、筆者の主張を正しく理解してまとめ、そこから自分の考えを展開させることが必要です。

よくあるパターンは、小論文の前半で筆者の意見を提示し、それに対する自分の意見を付け加える書き方です。

筆者の考えから自分の意見を展開させる方法
- 筆者とは違う視点から考えてみる
- 筆者とは違う具体例を考えてみる
- 筆者の意見を補うような提案をする

OK答案

 自分なりの視点と意見を入れている

　筆者は、「さわる」には物的なかかわり、「ふれる」には人間的なかかわりがあるという違いを説明したうえで、「さわる」と「ふれる」を混同してはならないと述べている。この文章を通して私が考えたのは、「心のふれあい」「琴線にふれる」という言葉だ。心情に重きをおいた表現では「ふれる」を使うことが多い。人間は身体が健康であっても、心が晴れないことはよくある。障がいや病気のある人、高齢の方などは気分がすぐれないことも多いことだろう。介護を必要とする人の心に寄り添えるよう、相手の立場や状況を理解する力が介護の現場では必要であると考える。

筆者の意見を最初に書いて、それに対する自分の考えを展開するためには、筆者とは違う視点を入れるのがコツです。

別の具体例

筆者の具体例

別の視点

筆者の主張

筆者の視点

POINT

☑ オリジナルの意見を言うために違う視点で考える。

自分の意見ばかりを書く のは…

➡ 「筆者の意見を踏まえて書く」とは？

テーマ⑳で「筆者の意見の丸パクリは NG」と述べましたが、一方で、筆者の意見がまったく踏まえられていない答案もよくありません。課題文のある小論文では、**課題文を理解しているかどうかが採点基準**になりますから、自分の意見ばかりを書いてしまうのは NG です。まず、筆者の意見を読み取って、その**筆者の考えを出発点にして、自分の意見を展開する**のが「**筆者の意見を踏まえて書く**」ということなのです。

要約問題がセットになっている場合は、要約が筆者の主張を理解することにつながります。要約問題がない場合は、**要約するつもりで課題文を読んで、筆者の主張をつかみましょう。**

➡ 「筆者の主張」に対する「自分の立場」を明確に

筆者の主張をつかんだら、それに対し**自分はどう考えるかを明確**にします。このとき、安易に「筆者に賛成か反対か」を述べるのは NG。**設問に沿った答えになるよう意識したうえで、筆者の主張に同意する方向なのか、別の方向性を示すのか**を明確にします。

➡️ バランスよくまとめよう

　自分の立場を明確にできたら、テーマ **04** で学んだ**序論・本論・結論の3段構成を意識**し、以下のようにまとめましょう。

⭘ **序論…意見を端的に述べる**
　筆者の主張と、それに対するあなたの考えを述べる。
　「筆者は、〜について、…と考えている。
　このことについて私は…と考える。」
　　（筆者の主張に沿う方向か、別の方向性を示すのか明確に）

⭘ **本論…意見についての理由や具体例を述べる**
　自分の立場から、筆者とは別の理由や具体例を根拠として示す。

⭘ **結論…序論につながるようにまとめる**
　筆者の主張に賛成　→筆者の結論を補足・発展させる結論を導く
　筆者の主張に反対　→筆者の結論とは異なる結論を導く

　筆者の意見だけをなぞるのでも、自分の意見ばかりを書くのでもなく、筆者と自分の意見両方を、設問に沿ってバランスよく書くことが大切です。

POINT
☑️ 筆者の考えを出発点にして自分の意見を展開する。
☑️ 序論・本論・結論の3段構成が基本。

22

やりがち度 危険度

資料・グラフのある小論文①

資料・グラフを誤解して 読み取っているのは…

NG

➡ 何を伝えたいグラフなのかチェック

資料やグラフがある問題では、どのようなことに気をつければよいのかを見ていきましょう。

まず、主なグラフには、次のようなものがあります。

○ 棒グラフ

○ 円グラフ
（帯グラフ）

○ 折れ線グラフ

データ数値の大小
がよくわかる

データの割合
がよくわかる

データの変化
がよくわかる

グラフの種類によって伝えやすい内容は異なります。出題者がその資料を選んだのにも意図があります。まずはその意図をつかみ、資料から何を読み取らなければいけないかを確認しましょう。

縦軸と横軸が何を表しているのかチェック

　棒グラフや折れ線グラフの場合、**縦軸と横軸が何を表しているのか**をきちんと読み取ることが大切です。**項目なのか、数字なのか**、数字であれば**「数量」なのか「割合」なのか**、などを確認します。

　意外と盲点になるのは、**図の説明をきちんと読む**ことです。下のグラフでも、青の棒グラフの数値は横這いですが、赤い折れ線グラフの数値は増えています。これがそれぞれ何なのかをつかんでいないと、**誤解したまま意見を述べてしまう**ことになります。

考えてみよう 次のグラフを見てあなたの意見を述べなさい。

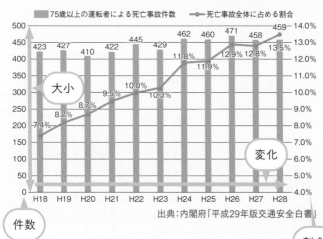

75歳以上の運転者による死亡事故件数及び割合

出典：内閣府「平成29年版交通安全白書」

では、始めに NG 読み取りを見てみましょう。

NG 読み取り

　グラフの10年間を見ても、お年寄りによる交通事故の件数は倍増している。ニュースや新聞でも「またか」と思うほど報道されている。…

　折れ線グラフと棒グラフが示しているものの違いに注意しましょう。「事故は増えている」という先入観があると、間違った読み取りをしてしまいます。また、「お年寄り」のような定義のあいまいな言葉でなく、資料の中の言葉を使うようにします。

OK 読み取り

　グラフの11年間を見ると、75歳以上の高齢運転者が起こした死亡事故の件数自体はほぼ横ばいだ。増えているのは、死亡事故件数の全体に占める75歳以上の高齢運転者の割合だが、これは人口全体に占める75歳以上の人口の割合が増えていることを反映している。しかし、報道では高齢者の交通事故をよく目にする。…

　資料やグラフのある小論文は、データを正しく読み取りさえすれば、その後の**「読み取った内容を出発点にして、自分の意見を述べる」というプロセスは、課題文のある小論文と同じ**です。まずは、データを正確に読み取れるようにしましょう。

23

やりがち度　危険度

資料・グラフのある小論文②

全体的な傾向を読み取れ ていないのは…

NG

➡ まずは、「大きな傾向」を見抜こう

　ここでは、資料やグラフを読み取るときの着目点について考えます。次のグラフを見てみましょう。

問題例 次の資料から読み取ることができる特徴を説明しなさい。

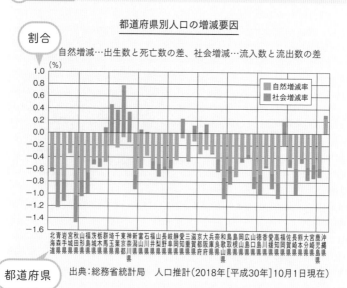

都道府県別人口の増減要因

自然増減…出生数と死亡数の差、社会増減…流入数と流出数の差

出典：総務省統計局　人口推計（2018年［平成30年］10月1日現在）

NG 読み取り

　愛知県は中部エリアで唯一、人口が増加している。また、福岡県は九州で唯一、社会増加しているが、自然減少分を差し引くと、全体として増加していない。そして、秋田県が最も大きな割合で減少している。

最初は小さい特徴は気にせず、大きく傾向をとらえましょう。

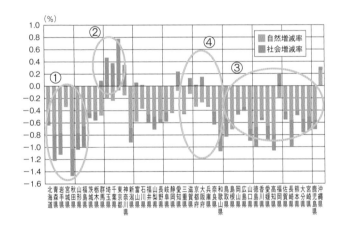

「**大きな傾向**」としては、以下を挙げることができます。

①東京都を中心に、関東地方は多くの県が社会増加していて、自然減少率も低いところが多い。

②宮城県を除く東北地方は、全国的に見ても人口減少率が高い。

③中国・四国・九州地方は、全県で人口が減少している。

④近畿地方も、③のエリアほどではないが減少している。

　資料やグラフが表している最も大きな傾向を読み取るには、資料やグラフが伝えていることを、**1文でまとめてみる**とよいでしょう。

　①〜④のことから、このグラフから読み取れる、最も大きな特徴は、**「日本全体で、地方から首都圏に多くの人が移動している」**ということです。

次に、「小さな特徴」を分析しよう

　大きな傾向をとらえたら、小さな特徴をつかみ、分析します。

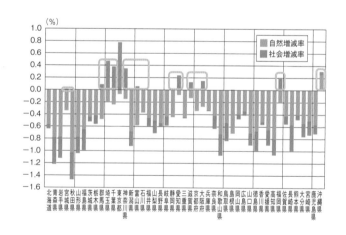

　東京都を除いて、人口が社会増加している都道府県のうちの約半数には、政令指定都市があります。そこに注目すると、**「政令指定都市がある都道府県に周辺各県から人が移動している」**ということも読み取ることができます。

　さらに小さな特徴は、沖縄県だけ人口が自然増加している点です。自然増加ですから、出生数が死亡数を上回っていることがわかります。

OK 読み取り

○　大きな傾向を読み取ることで、分析につながる

　このグラフから、日本全体で、地方から首都圏に多くの人が移動していることを読み取ることができる。さらに人口が社会増加している都道府県の多くに政令指定都市があることから、日本全体での人の動きと同じように、各地方で政令指定都市がある都道府県に周辺各県から人が移動していると分析できる。唯一の例外は、沖縄が自然増加している点だ。

○　例外的な小さな特徴を見つけられている

POINT
　☑ グラフの分析は「大きな傾向」から「小さな特徴」へ！

資料・グラフのある小論文③

資料を正しく引用できていないと…　NG

✏️ 情報の中から特徴となる要素をとらえよう

　資料やグラフのある小論文では、それらを正しく読み取ったうえで、**「資料からは、〜ことがわかる。」というように答案に反映させていく**ことになります。ではどのようにして答案に反映させていけばよいかを考えてみましょう。次の資料を読み取ってみてください。

問題例 次の資料から、文章の読み書きの習慣と読書の好き嫌いの関連について、わかることを述べなさい。

質問：読書は好きですか。（n＝回答数）

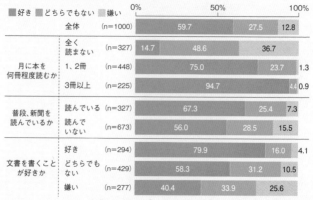

			好き	どちらでもない	嫌い
	全体	(n=1000)	59.7	27.5	12.8
月に本を何冊程度読むか	全く読まない	(n=327)	14.7	48.6	36.7
	1、2冊	(n=448)	75.0	23.7	1.3
	3冊以上	(n=225)	94.7	4.4	0.9
普段、新聞を読んでいるか	読んでいる	(n=327)	67.3	25.4	7.3
	読んでいない	(n=673)	56.0	28.5	15.5
文書を書くことが好きか	好き	(n=294)	79.9	16.0	4.1
	どちらでもない	(n=429)	58.3	31.2	10.5
	嫌い	(n=277)	40.4	33.9	25.6

出典：日本財団「18歳意識調査『第30回－読む・書く－』」

NG引用

新聞を読んでいる人は、読書も好きだ。新聞を読む人の約67％が、読書が好きと答えている。新聞を読まない人では、56％が読書が好きと答えている。

「文章の読み書き習慣」全般について問われているのに、「新聞を読んでいるか」というグラフの一部分のデータに注目しすぎて、他の情報を読み取れていません。また、「新聞を読んでいる人には、読書が好きな人が多い」ということを言うには、2文めの情報だけで十分なので、3文めは余計です。

読み取りのメモから取捨選択して、①**特徴的な情報のみにしぼる**、②**設問への答えとして必要な情報を過不足なく入れる**、という2つを心がけましょう。

OK引用

資料から、月に3冊以上の本を読んでいる人の多くは、読書が好きなことがわかる。また、普段から新聞を読んでいる人、文章を書くことが好きな人ほど、読書が好きな人の割合も高くなっている。

POINT
☑ 必要な情報を取捨選択して引用しよう！

やりがち度 　危険度

資料・グラフのある小論文④

資料の事実だけを羅列しているのは…

NG

➡ **資料から自分なりの解釈をしよう**

　資料やグラフのある小論文では、**資料に対する「解釈」**が問われます。資料が表す「事実」を正確に理解できていても、それだけで終わってはいけません。「事実」と「解釈」を分けて考えることが重要です。次の問題例を見てください。

🏠 問題例　次の資料をもとに、日本の食料自給率について述べなさい。

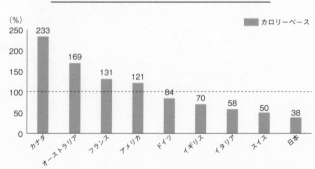

世界の食料自給率比較（カロリーベース）（2019 年）

出典：農林水産省「令和3年度食料需給表」より作成

NG解答　✕　資料から読み取れる事実を羅列しているだけ

　この資料によると、カナダは食料自給率が200％を超えている。また、オーストラリア、アメリカ、フランスの自給率は100％を超えている。一方、日本は38％にとどまっている。イタリアやスイスなどはその中間で、50％台だ。……

　資料から事実を羅列するだけでは、肝心の問題点をとらえて指摘することはできません。

OK解答　○　読み取った事実から問題点と原因を説明している

　この資料からは、諸外国に比べ、日本の食料自給率が極端に低いという問題が挙げられる。国土面積が狭いことだけが原因ではないことは、イギリスやイタリアを見れば明らかだ。では、なぜ日本の食料自給率がこれほど低いのか。その原因の一つに、生産者の高齢化による生産量が減少が挙げられる。……

　このように、グラフから読み取れる内容の背景を考察するには、日頃から社会問題に興味をもって**世の中の動きに敏感**になることも必要です。主要なテーマの社会的な背景については、普段から新聞やニュース、インターネットなどで調べておくようにしましょう。

POINT

　☑ 数値の裏には理由がある！　背景を読み取ろう。

　☑ さまざまな社会的背景を知っておくと有利。

資料・グラフのある小論文⑤

資料が複数あるのに すべてを活用できていないと…

資料の抜けがないように注意！

複数の資料を出されたときはどうすればよいでしょうか。
「次の資料のうちから１つ選んで、あなたの考えを書きなさい。」
「１〜４の資料から考えられることに対する意見を述べなさい。」
と、はっきり指示されている場合は、それに従います。

このような指示がない特に場合は、**すべての資料を使うのが原則です**。資料は「必要だから問題に入れられている」ということを知っておいてください。

資料をすべて活用するには

① 資料ごとに目立った特徴を探す

複数ある資料について、資料ごとに目立った特徴を探すのがコツです。資料ごとにどんなことが読み取れるかメモしましょう。資料ごとのメモがあれば、資料をすべて使うことに役立ちます。

② 共通する点・相反する点を探す

　資料ごとのメモから、すべての資料に**共通する点・相反する点**を考え、それをまとめることで、「すべての資料を踏まえる」という条件を満たすことができます。

③ 引用するときは、どの資料についてなのかを明確に

　引用するときは、「資料1より〜」のように、どの資料について述べているのか、はっきりさせましょう。字数が足りなくなってしまいそうなら、「資料3、4より」とまとめてもOKです。

POINT

☑ 資料ごとの特徴を見つけて、すべての資料を使おう。

☑ 引用するときは、どの資料について述べているのかを明記しよう。

やりがち度 ！！！　危険度 ⚡⚡⚡

資料・グラフのある小論文⑥

複数の資料を関連づけて論じられていないのは…

NG

資料を組み合わせて考えよう！

　複数の資料やグラフがある問題では、資料どうしを関連づけることが必要です。資料の関係の見方を確認しましょう。

考えてみよう　国民の年金負担の変化について、資料1、2からわかることは?

資料1

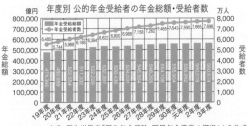

出典:厚生労働省「厚生年金保険・国民年金事業の概況」より作成

資料2

出典:総務省統計局「人口推計」(2023年3月報)

　資料１からは、年金受給者数・受給総額がともに増大していることが読み取れます。資料２からは、日本の総人口が減少していることが読み取れます。

　これらの事実は独立していて、互いに直接的な関係はないように見えます。しかし、**２つのグラフからわかることを組み合わせて考えると、ある課題が見えてきます。**

（資料1）年金受給総額が増大	（資料2）人口が減少

分析

・人口が減少している（資料2）のに、年金受給者数が増えている（資料1）。減っているのは現役世代だと考えられる。

・年金受給総額が増えている
　＝現役世代の年金負担額が増えている（資料1）。

課題：現役世代１人当たりの年金負担額が増えている

　複数の資料を関連づけて論じるためには、各資料のデータを正しく読み取るだけでなく、その**関係性から見えてくる問題点を分析し、発見**することが重要です。

相関関係と因果関係

　例えば、「①気温が上がった」「②アイスクリームの売上が増えた」「③おでんの売上が減った」ということを示す３つの資料があったとします。

　このとき、

「気温が上がったから、アイスクリームの売上が増えた」

「気温が上がったから、おでんの売上が減った」

ということはできます。つまり、気温の上昇が「原因」となって、アイスの売上増やおでんの売上減という「結果」が起こったと考えられます。

　一方で、「アイスクリームの売上が増えたから、おでんの売上が減った」と考えるのは間違いです。アイスクリームの売上増が原因となって、おでんの売上減が起こったわけではないからです。

相関関係…一方が変化すれば他方も変化するような関係

因果関係…一方が原因、他方が結果という関係

　アイスクリームの売上増とおでんの売上減は、どちらも気温上昇の結果起こったことなので、ある程度の関連性はあります（相関関係）。しかし、原因と結果の関係（因果関係）にはなっていません。

　相関関係と因果関係を間違えてしまうと、複数の資料から正しい分析ができなくなるので注意が必要です。

POINT

☑ 複数の資料の関係性から見えてくる問題点を発見しよう！

文字数が足りないのは…

✏ 文字数が足りないと減点に！

せっかく書いた小論文なのに、字数が少なすぎてしまうと大幅な減点対象となってしまいます。逆に字数オーバーしている場合は、0点になる可能性すらあります。指定字数は、必ず書く前に確認しておきましょう。長くてもダメ、短すぎてもダメ、指定字数の範囲内できちんとまとめきる力も、採点対象です。

✏ 理想は9割以上

字数の指定は問題によってさまざまですが、それぞれの文字数の基準は以下のように覚えておきましょう。

- 「○○字以内」…最低でも指定字数の8割以上、**理想は9割以上**
- 「○○字以上○○字以下」…必ず指定字数の**範囲内に収める**
- 「○○字程度」…指定字数の**プラスマイナス1割ぐらい**に収める

公表されていませんが、実際の採点基準や減点基準は、大学によってそれぞれ異なるようです。しかし、基本的に**基準を満たさない答案は、厳しく採点される**と考えておくほうがよいでしょう。

➡ まずはしっかり設問を読み取る

　字数が足りないからといって、「〜ということが考えられていると思っている」のように、文末を無理に引き延ばしたり、極端に行のマス目を余らせて改行したりするのは、採点者の印象を悪くします。

　設問の意図を正しく読み取って書いていくと、基本的に自然と文字数は足りていきます。まずは問われていることに対して明確に答え、根拠・理由をしっかり書きましょう。またその際、文中に具体例を出すことによって、自らの主張や根拠を効果的に補足できます。ただし、具体例は、字数の兼ね合いを見つつ入れるようにしてください。

➡ 下書き用紙がある場合は

　実際の試験で最も困るのは、書き終えたときに字数が足りず、書き直す時間がほとんどなくなっているという事態に陥ることです。下書きができる場合は、**下書き用紙に事前に書いて**おくとよいでしょう。

POINT
　☑ 文字数の基準は、最低でも8割以上、理想は9割以上。

思考停止して何も書けずに 終わってしまうのは…

➡ 小論文の試験はやることがいっぱい！

小論文の試験には、「設問を理解する」「何を書くかを考える」「書く」「書いた文章の読み直し」など、こなすべき多くのステップがあります。そんななかで、「何を書くかを考える」の時点で手が止まってしまい、何も書けずに終わってしまった……という事態は防がなければなりません。そのためには、まず何をすればよいでしょうか。

➡ 先に結論を書いてしまう

答案用紙に何も書かずに提出してしまうと、試験中どんなに頑張って考えたとしても０点になってしまいます。書き出したメモをうまくあらすじにまとめきれず手が止まってしまった場合は、まずは**先に結論を書いてしまいましょう**。

本書では、「序論・本論・結論」の３段構成で書くことをおすすめしてきました。序論は結論の内容に近くなるため、**最初に結論を書いてしまっても、展開が大きく崩れることが少ない**といえます。このような書き方をする場合、本論は後付けでも構いません。

まずは設問条件を満たそう

　何も書くことが思いつかない場合も、設問に最低限答えることで、文字数の5割ぐらいを埋めることを目指しましょう。設問の条件さえ満たしていれば、部分点をもらうことも可能になります。

POINT
☑ 先に結論を書いてしまおう。
☑ 最低限、設問の条件を満たすことを目指そう。

30

やりがち度 ❗❗❗ 危険度 ⚡⚡⚡

試験で気をつけるポイント③

最後まで書き終えられ NG
ないのは…

✏️ 時間内に書き終えられない受験生は多い

　小論文の試験で不合格になる生徒の多くが **「時間が足りなかった」** と言っています。このように、時間以内に書き切れないという失敗をしないために、どのような練習をすればよいのかを見てみましょう。

✏️ 時間配分を意識して練習しよう

　例えば、90分の試験であれば、下記のような時間配分で解くことをおすすめします。

....

時間配分の例（90分の場合）

1　問題全体の把握（問題の形式や設問数、制限字数の把握など）
　　→約1分
2　課題文を読む→約10分
3　メモを書き出し、あらすじを作る→約15分
4　文章を解答用紙に書く（下書用紙がある場合は、下書き時間を
　　含む）→約55分
5　見直し→約9分

....

　もちろん、最適な時間配分は人によっても変わりますし、課題文の量や設問の数によっても変わります。**最終的には、志望校の過去問を解き、自分の理想の時間配分を見つけておくと、自信をもって本番に臨めます。**

✏️　　　　　未完成の答案は…

　結論が書きかけの状態で提出すると、０点になる場合があります。試験終了時間が近づいたら、具体例などは省き、**「以上により〜と考える」** などのように、**多少強引であってもまとめきってしまいましょう。** 字数指定を満たしていなくても、**部分点は取れる可能性があります。**

POINT
☑ 時間配分を意識した練習が、試験本番での自信につながる！
☑ どうしても時間が足りない場合は、強引にでもまとめよう。

31

やりがち度　危険度

試験で気をつけるポイント④

見直しをしないのは…

小さなミスでも減点に！

　時間に気を取られ、見直しをせずそのまま提出してしまった結果、ケアレスミスがあり、取れていたはずの点を失ってしまう、ということがあります。このような惜しい減点を防ぐために、特に見直したいのが誤字・脱字。小さなミスですが、積み重なると大きな減点になります。「自分は大丈夫だ」と過信せず、答案を書いた後に必ず読み直し、チェックするようにしましょう。

　以下に見直しの仕方と、ミスを減らすコツを紹介します。

誤字をなくす

　誤字とは、字の間違いのこと。特に漢字は間違えがちです。P.128の一覧も参考にしながら、間違えやすい漢字は注意して覚えておき、見直しの際に重点的にチェックするようにしましょう。

　また、小論文で使いたいレベルの漢字は、普段読むことはあっても、書くことが少ない、比較的高いレベルの漢字なので、覚え間違いやうろ覚えが誤字につながる場合もあります。単語カードにまとめるなどして、しっかり覚えておくようにしましょう。小

論文の模範解答、現代文の評論文、新聞の社説やコラムなどをそのまま丁寧に書き写す**「書写」**も効果的です。漢字力が身につくだけでなく、小論文で使える考え方も身につき、一石二鳥です。

脱字をなくす

　脱字とは書き落とした文字、抜けている文字のことです。文章を書いているときに無意識に犯すミスなので、自分で気づくのは簡単ではありません。

　普段の練習では、書き終わった後、**声に出して音読してみる**とよいでしょう。脱字があれば、音読をすると詰まってしまい、正しく読めないはずです。不自然な表現に気づくこともできます。試験本番では、心の中で音読しているつもりで読み直して、間違いがないかチェックしましょう。

文章の切れ目で読み直す

　すべて書き終えてからでは、読み直して誤字脱字を見つけたとしても、大量に文字を消して書き直さなければならないことがあります。その場合の修正には大きく時間を使ってしまうので、**序論・本論・結論の切れ目で一旦見直しをするのもおすすめです。**

POINT
☑ ミスは誰にでも起きる！　必ずチェックをする！

背景知識が全くないと…

✏ 語彙力がつくおすすめ参考書

　最低限の語彙力がないと、まず問題文が理解できない、ということさえ起こりえます。まずは、以下のような参考書で、語彙力を身につけましょう。これらの本は小論文の力をつけるだけでなく、現代文の読解問題を解くときにもきっと力になってくれますよ。

○『イラスト図解でよくわかる！　現代文読解のテーマとキーワード』（Gakken）
○『現代文キーワード読解』（Z会）
○『ことばはちからダ！　現代文キーワード』（河合出版）

✏ 小論文頻出テーマの知識がつくおすすめ参考書

　テーマについての知識がないと、根拠や主張を述べることは難しいです。以下のような、小論文に頻出のテーマの知識を効率的に学べる参考書を1冊読んでおくと、安心です。

○『読むだけ小論文』シリーズ（Gakken）
○『小論文の完全ネタ本』シリーズ（文英堂）

知識をつけるには日頃の読書から

　文章を書くためには、読解力と知識が必要です。そのためにも、左ページで挙げたような参考書以外にも、日頃から積極的に読書をしましょう。高校生にも比較的読みやすく、小論文対策に役立つ本を紹介します。

- 『世界がぐっと近くなる　SDGsとボクらをつなぐ本　ハンディ版』（Gakken）
- 『FACTFULNESS（ファクトフルネス）10の思い込みを乗り越え、データを基に世界を正しく見る習慣』（日経BP）
- 『シン・ニホン　AI×データ時代における日本の再生と人材育成』（NewsPicksパブリッシング）
- 『日本再興戦略』（幻冬舎）
- 『2030年の世界地図帳　あたらしい経済とSDGs、未来への展望』（SBクリエイティブ）
- 『13歳からの地政学　カイゾクとの地球儀航海』（東洋経済新報社）
- 『大学4年間の社会学が10時間でざっと学べる』（KADOKAWA）

　さまざまな専門分野の入門的な知識がインプットしやすい「新書」なども、小論文対策の読書としておすすめです。

POINT

☑ 小論文試験で合格の可能性を高めるのは、ズバリ「読書」！

33

やりがち度

危険度

小論文対策のしかた②

過去問をやっていない

のは…

過去問の研究からすべてが始まる

過去問は、情報の宝庫です。**出題形式、出題傾向、制限字数、制限時間など**について、最低でも過去直近3年分（それ以上でも構いません）を、しっかり確認しておきましょう。そうすることで、試験本番までに何をすべきか、どのようなことに注意して取り組んでいくべきかが見えてきます。**過去問の研究**からすべてが始まるのです。

過去問の入手方法

● 赤本を入手する

志望大学の赤本（「教学社」刊行の大学入試過去問題集の通称）は、夏までに購入しておきましょう。ただし、夏以降に刊行される大学も多いので、志望校の決定が早ければ、前年に購入しておくのも手です。志望校が決まったら、すぐに赤本を入手しましょう。

赤本がすでに品切れになっていたり、再版の予定がなかったりするときは、インターネットの中古本購入サイトで探してみると、

見つかるかもしれません。特に受験が終わる春先には、数多く出回ります。ただし、前の使用者の書き込みがあったり、入手困難なものは高価格だったりすることもあるので、注意が必要です。

● 学校の進路指導室や塾・予備校で探す

　学校の進路指導室や塾・予備校で、赤本だけでなく、赤本以外の過去問の閲覧や貸出をしている場合もあります。先輩が使用した過去問や面接内容の記録などが残されているかもしれません。困ったときには一度、担当の先生に相談してみましょう。

● 大学に問い合わせて入手する

　大学によっては、独自に過去問題集を作成し、それをオープンキャンパスで配布したり、大学のホームページから申し込んだ人に送付したりしています。また、ホームページの「入試情報」から、過去問のデータをダウンロードできる場合もあります。ただし、解答・解説がない場合が多いです。ホームページなどで確認して、大学に問い合わせてみましょう。

　過去問の中には著作権の関係で課題文が省略されている場合がありますが、そうした場合でも、課題文の出典（書名・著者名・出版社名など）は公開されている場合が多いです。書店や図書館で探して読んでみるとよいでしょう。

POINT

☑「過去問」を制するものは、受験を制する！

34

小論文対策のしかた③

練習で手当たり次第に 解きまくるのは…

✏️ 手当たり次第に解きまくっても上達しない

「小論文がうまくなっている実感がない」「小論文の練習で何に気をつければいいかわからない」そんな悩みを抱えている人はいませんか？ それは、自分の現状を把握しないまま、手当たり次第に問題を解いているせいかもしれません。

✏️ まずは今の自分を分析するところから

下のグラフを見てください。今の自分はどこでしょう？

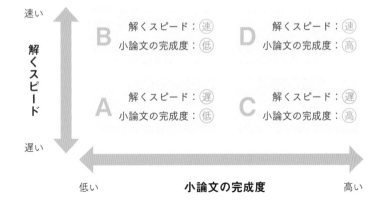

段階Aの人

参考書籍や参考文献を読んだり、インターネットなどで調べたりしながら書いても構いません。丁寧に書いて、完成度の高い文章を目指しましょう。出題される問題やテーマは限られています。特に**頻出問題・頻出テーマ**では、**1つの問題に対して複数の解答**を書けるようになっていれば、かなり応用力が身についています。

段階Bの人

文章を書くことにあまり苦手意識がない人でも、この段階にあることがあります。取り組みを「量」から「質」に変えましょう。「たくさんの問題に取り組もう」と意気込むのではなく、意識してスピードを落としてでも、**1つの問題の理解を深める、1つの小論文の完成度を上げることを優先しましょう。**

段階Cの人

頻出問題を使って完成度の高い小論文を書くことができるようになれば、少しずつスピードも身についてきます。過去問などを使って、**制限時間内に指定字数を書くことができるように、しっかりトレーニングをしていきましょう。**

段階Dの人

合格はすぐそこです。現時点で段階A〜Cの人は、ここを目指しましょう。

POINT

☑ 「手当たり次第」ではなく、「今の自分に合った対策」を。

35

やりがち度 ❗❗❗ 危険度 ⚡⚡⚡

小論文対策のしかた④

小論文は「結局はセンス」と学習しないのは…

✏ 小論文は対策で大きく差がつく

　「小論文」入試を選択したにもかかわらず、「小論文はセンス」と試験本番まで学習しない人が多いのが事実です。だからこそ、勉強しておくとライバルに大きく差をつけることができます。

✏ 小論文は成績がすぐ伸びる！？

　小論文は、英語や数学といった他の教科と違い、学校の授業科目としては存在しません。**小論文の学習は、誰にとっても学習期間が短いのです**。だからこそ、より正しく、より効率的に学習した人が成績をすぐに伸ばし合格しているのが、小論文入試の実態なのです。

　もし高校2年生までに志望校が決定しているのであれば、**その時点で一度過去問を解いてみる**ことをおすすめします。早めの対策がカギを握ります。また、志望校の過去問を解くことで、これからどのような勉強をしなければならないのかも見えてきます。

小論文学習の流れ

```
┌─────────────────────┐
│   知識・情報の修得   │
└─────────────────────┘
          ↓
┌─────────────────────┐
│   頻出テーマで練習   │
└─────────────────────┘
          ↓
┌─────────────────────┐
│     過去問演習       │
└─────────────────────┘
```

　まずは知識を修得し、問題演習を繰り返し、試験本番が近くなってきたら過去問を解きましょう。時間がなければ過去問を解くことから始めるのも手です。

　また、練習で書いた文章は、学校の先生や塾の先生に添削してもらいましょう。他の人の意見をもらうことにより、書き上げた文章を客観的に読む力もついていきます。

POINT
　☑ **小論文は短期決戦、スタートダッシュで勝負！**

第2章

減点されがち！
文章・表記のルール

よい内容の答案が書けていても、原稿用紙の使い方が間違っていたり、誤字脱字があったりすると、減点されてしまうことがあります。第2章では、表記のルールや、きれいな文章を書くためのコツを紹介します。読みやすく伝わりやすい文章が書けるよう、覚えておきましょう。

原稿用紙の使い方が間違っているのは…

▶ 原稿用紙を正しく使わないと減点対象に

　小論文の解答用紙は、横書きの原稿用紙形式が一般的です（縦書き原稿用紙形式や、罫線だけの用紙もあります）。

　原稿用紙の正しい使い方を覚えていますか？　正しい使い方をしていないと、減点の対象となります。

　ここでは、原稿用紙の使い方について解説します。

▶ ①書き出しと、段落の最初は１マス空ける

　文章は複数の段落によって構成されています。そのため、一文字目や段落を変えるときは改行し、１マス空けて書き出します。

◌	原	稿	用	紙	を	、

▶ ②数字の書き方

　１マスに２文字書きます。小数点「.」も同様です。

0.	28

10	00	人

③アルファベットの書き方

大文字は1マスに1文字、小文字は1マスに2文字書きます。

A	pp	le

E	ar	th

④記号の書き方

句読点【、】【。】、中点【・】、符号【「】【『】【(】【〜】は、原則1マス分を使います。例外として【。】と【」】が続く場合は同じ1マスに入れ、【……】（リーダー）や【――】（ダッシュ）は2マス分を使います。

、	。	「	。」	…	…

また、行の最後に記号がくるときは、改行せずに最後のマスに入れます。

×	私	は	、	「	環	境	問	題
	」	に	つ	い	て	意	識	し

○	私	は	、	「	環	境	問	題」
	に	つ	い	て	意	識	し	た。

小さく書く促音【っ】拗音【ゃ】【ゅ】【ょ】長音【—】も1マス分使います。改行後は、行の最初のマスに入れます。

【?】【!】は使用しないようにしましょう。

⑤課題文の引用の書き方

課題文を引用する場合は、「　　」（カギ括弧）の中に書きます。言葉を変えることなく、正確に書き写さなければなりません。

🖊 課題文例

　新聞を定期的に購読する家庭が減っているそうだ。その理由としては、インターネットの普及により、わざわざ新聞を購読しなくてもネットで情報を無料で検索できるようになったことが考えられる。しかし新聞にもメリットはある。それは、ネットの画面で見るより、紙面に印刷された文字のほうが記憶に残りやすいということだ。

NG答案

 引用部分を書き換えている

　課題文の中で筆者は、「インターネットで情報を検索する人が増えたので新聞を読まない人が増えてきているが、ネットより新聞の紙面のほうがメリットがある」と述べている。

OK答案

課題文を正確に書き写している

　課題文の中で筆者は、「新聞を定期的に購読する家庭が減っている」理由として「ネットで情報を無料で検索できるようになったこと」を挙げ、新聞のメリットについて述べている。

 引用部分を「　」に入れて書いている

⑥改行・改段落

　改行・改段落したときにできる原稿用紙の余白も指定字数の中に含まれます。ただし、不要な改行・改段落は評価を下げます。文章の構成（序論・本論・結論）に応じて、適切に段落を変えましょう。

　原稿用紙の正しい使い方は、大学でのレポート・論文を書くルールに準じています。今のうちに身につけておきましょう。

 POINT
　☑ **正しく原稿用紙を使い、減点を防ごう！**

37

書き言葉と話し言葉

話し言葉で書いて しまっていると…

NG

 話し言葉と書き言葉

「話し言葉を使っている」という指摘を受けたことはありませんか？　小論文には、**話し言葉を使用せず、書き言葉を使用しなければならない**というルールがあります。

×　話し言葉	○　書き言葉
やる	行う
ダメだ	不十分だ／〜してはならない
〜じゃない	〜ではない
〜しちゃった	〜してしまった
〜しといた	〜しておいた
（文頭の）なので・だから	したがって・そのため
〜（だ）けど	〜（だ）が・〜（で）はあるが
でも・だけど	しかし・だが
とっても・すごく	非常に・たいへん・極めて
もっと	より
だいたい	およそ・約
いい	よい
全然	まったく

こんなに・そんなに・あんなに	これほど・それほど・あれほど
いろんな	さまざまな
～していて	～しており
だんだん	次第に・徐々に
どんどん	急速に・ますます
やっと	ようやく
絶対に	必ず・紛れもなく
ちゃんと	きちんと・正しく
～みたいな	～のような
やっぱり	やはり
一番	最も
どっち	どちら・いずれ

➡ 使用に注意が必要な言葉

- **略語**　△「スマホ」　→　○「スマートフォン」
　　　　　△「部活」　　→　○「部活動」
- **「英語＋する」**　△「カバーする」　→　○「補う」「補助する」
- **商標名**　△「LINE」「Twitter」「Skype」「Facebook」
　　　　→　○「SNS（ソーシャルネットワーキングサービス）」

POINT
- ☑ 小論文の文章には「書き言葉」を用いる。
- ☑ 略語、「英語＋する」、商標名を用いないように注意！

38

やりがち度  危険度

誤字・脱字

誤字・脱字があると… NG

 よくある漢字表記の間違い

漢字の間違いは、小さいけれど減点につながる惜しいミスです。
間違えやすい漢字は、特に注意して覚えておきましょう。

NG 漢字表記		OK 漢字表記
成積	→	成績
完壁	→	完璧
誤ち	→	過ち
過り	→	誤り
移席	→	移籍
一諸	→	一緒
違種	→	異種
急しい	→	忙しい
隠謀	→	陰謀
卒直	→	率直
主脳	→	首脳
収獲	→	収穫
検約	→	倹約
異和感	→	違和感
粉争	→	紛争

同音異義語は間違えやすい

○ 「対象」と「対称」と「対照」
○ 「局地」と「極地」と「極致」
○ 「補償」と「保証」と「保障」
○ 「若干」と「弱冠」　　　　　　○ 「制作」と「製作」
○ 「配布」と「配付」　　　　　　○ 「驚異」と「脅威」
○ 「決済」と「決裁」　　　　　　○ 「過程」と「課程」
○ 「必死」と「必至」　　　　　　○ 「異議」と「異義」

「必死の戦い」「敗北は必至だ」など、短文とセットで漢字を覚えておくと、間違いが減らせます。

 ## カタカナの表記は丁寧に

○ 「ア」と「マ」　　○ 「ツ」と「シ」　　　○ 「ウ」と「ワ」
○ 「ス」と「ヌ」　　○ 「ソ」と「ン」と「リ」

　正しく書いているつもりでも、雑に書くと読み間違えられてしまう場合があります。**カタカナは、特に丁寧に書きましょう。**

POINT
☑ 誤字の多くは漢字の間違い！
☑ カタカナは丁寧に書こう！

文体が統一されていない

のは…

➤ 「だ・である」調、「です・ます」調は統一しよう

文末を「だ・である」で終える文体を常体、「です・ます」で終える文体を敬体といいます（➡ P.19）。普段、話し言葉では、あまり意識することなく、状況に応じて常体と敬体を使い分けていることでしょう。しかし、小論文では、文章中に常体と敬体を混ぜて書いていると減点対象となってしまいます。**意識して文体を統一する**必要があります。

✕ 文体が統一できていない

NG答案

　論文とは、学術的な研究の業績や結果を書き記した文のことだ。記録と報告を目的とした文章であるため、調査・観察・実験・研究の方法やそこから得た資料の整理のしかた、結果に対する考察について、あくまでも客観性と正確さが求められる、公共性をもった文章といえます。

➡ 小論文の文体は、原則「だ・である」調で統一

　常体は、文末を断定することにより、簡潔で説得力のある文章になるのが特徴です。それに対して敬体は、書き手から読み手に対する丁寧な気持ちが含まれています。

　文体による評価の差はありませんが、**大学入試後にレポートなどで敬体を使用することはほぼないという背景から、本書では小論文には常体を使うことを推奨します**。小論文は「小さな論文」です。正式な学術論文は常体であるため、その書き方に従ったほうがよいでしょう。また、常体のほうが文字数を抑えられるため、重要な部分の文字数を増やすことができます。「です・ます」調は丁寧ですが、文字数が多いうえに、自分の主張について説得力をもって伝えるには印象が弱くなります。

POINT

☑ 必ず文体が統一されているかをチェックしよう。

☑ 小論文では、原則として常体（「だ・である」調）を使おう。

接続語の使い方が間違っているのは…

接続語は、文章の交通標識

「接続語の使い方がおかしい」という指摘を受けたことはありませんか？　接続語は、文章の交通標識のようなものです。正しく使うことで、わかりやすい文章になります。

例えば、「したがって」「ゆえに」「その結果」などは**「因果関係」**を示す**順接の接続語**です。**2つの事柄の一方が原因・理由、もう一方がその結果・結論という関係**を示します。

そして、小論文で最もよく用いるのが**「対比関係」を示す**「対して」などの接続語です。主張を明確にしたいときに、それと反対のものを持ち出し「～であるのに**対して**、…である。」とすることで、主張がわかりやすくなります。

そのほかにも、重点を置きたい内容を示す「特に」「なかでも」や、結論部分を示す「その結果」「以上のことを踏まえて」のような接続語も、よく用いられます。

なお、文頭で「なので」を使うと、話し言葉になってしまうので気をつけましょう。「したがって」や「そのため」を使うか、「～**なので**、…。」のように文中で用いるようにしましょう。

小論文で使える接続語

接続語		はたらき
そこで・すると	順接	前の事柄から生じる結果を後に述べる。
しかし・けれども・だが・ところが	逆接	前の事柄と反対のことを示す。
および・また・ならびに・1つ目は…、2つ目は…	並列	前の事柄と後の事柄を、対等な関係で並べる。
そして・さらに・しかも・その上・また	添加	前の事柄に後の事柄を付け加える。
対して・一方では・他方では・反対に・反面	対比	前の事柄と後の事柄を比較する。
または・あるいは・もしくは・それとも	選択	前の事柄と後の事柄を選ぶことを示す。
なぜなら・というのは・ただし・実は	説明補足	前の事柄を説明したり、補足したりする。
さて・では・ところで・それでは	転換	前の事柄とは別の内容に切り替える。
確かに・もちろん・むろん・なるほど	譲歩	前の事柄を受け入れたうえで、後の事柄を示す。
つまり・要するに・例えば	換言例示	前の事柄について、言い換えたり、例を挙げたりする。

POINT

☑ 接続語は、「対比」「説明」を中心に、それぞれのはたらき正しく理解しておこう！

41

論理②

文章が「抽象→具体」に なっていないと…

NG

　　論理の順序を学ぼう

　小論文を書いていて、「うまく話が広がらない」「すぐに行き詰まってしまう」と感じる場合、それは始めから具体的すぎることを書いてしまっていることが原因かもしれません。

　テーマ 05 では、最初に伝えたいことを書き、そのあとに説明を加えていくとわかりやすい文章になると学びました。この流れは、「抽象→具体」（→ P.73）と言い換えることができます。

　逆の流れで書くと、文章がうまく展開できなくなってしまいます。例えば、次の答案例を見てください。

🅐 問題例

　少子高齢化の解決策を論じなさい。

NG答案

 　✕ 最初からいきなり具体策を述べている

　少子高齢化を解決するためには、まず<u>男性の育児休暇取得率を高めるべきだ</u>。そうすれば、女性の育児負担が減って出産・育児

をしやすい環境になり……

「男性の育児休暇取得率を高めるべきだ」という具体的な解決策を最初に述べてしまっているので、ここからさらに話を広げることが難しくなります。具体性が高くなるほど、話は個別の対象に絞られていきます。そのため、文章をうまく展開させるためには、「抽象→具体」の順序で書くことが大切です。

抽象→具体の順番で書くために

左ページの問題例のような、解決策を考えて述べる小論文の場合、具体と抽象は、**「手段」**と**「目的」**と置き換えることができます。この2つは、以下のような関係です。

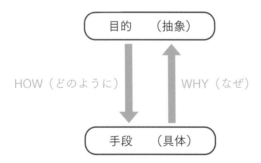

抽象的な「目的」に対して、**HOW（どのように）**で問うと、具体的な「手段」を見つけることができます。反対に、具体的な「手段」に対して、**WHY（なぜ）**で問うと、抽象的な「目的」を見つけることができます。

先ほどの問題であれば、このように考えられます。

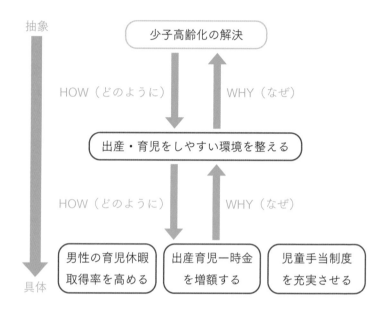

抽象

HOW（どのように）　　　WHY（なぜ）

少子高齢化の解決

出産・育児をしやすい環境を整える

HOW（どのように）　　　WHY（なぜ）

具体

男性の育児休暇
取得率を高める

出産育児一時金
を増額する

児童手当制度
を充実させる

　「少子高齢化の解決」という大きなテーマに対してどのように
取り組むか、ということとして、まず「出産・育児をしやすい環
境を整える」ことを**目的**として述べます。そのあとに、「どのよ
うに子どもの出産や育児をしやすい環境を整備するか」という**手
段を書く**ことで、話を広げていくことができます。

OK答案

 まず主張を述べる

　少子高齢化を解決するためには、まず出産・育児をしやすい環境を整備するべきだ。そのためには、男性の育児休暇取得率を高めることで女性の育児負担を減らすことや、出産育児一時金の増額、児童手当制度の充実…

 あとに具体例を述べる

POINT

☑ 「抽象→具体」が小論文の展開の基本！

☑ 最初を具体的にしすぎない！

42

やりがち度 ❗❗❗　危険度 ⚡⚡⚡

文章を区切る①

段落分けがないと…

　段落分けを意識しないと…

まずは次の答案例を見てみてください。

NG答案

　私は、少子高齢化を解決するためには、生まれてくる子どもの数を増やさなければならないと考える。しかし、子どもを産み、育てるにはお金がかかる。そのため、子どもを産むことを諦めてしまう夫婦もいるだろう。そこで、出産育児一時金の増額、児童手当制度や給付型奨学金の拡充などの支援を充実させて、出産・育児の経済的負担を軽減するべきだ。また、日本では男性の育児休暇の取得率がいまだに低い。男性は仕事、女性は家庭といった社会的風潮がいまだに強いことが原因だろう。多くの場面において、女性が出産後、仕事を休んで在宅で育児をしなければならないことが多い。男性の育児休暇取得率を高めることで女性の育児負担を減らすべきだ。また、女性の働き方の問題も解決しなければならない。フレックスタイム制度や在宅勤務制度など、柔軟な働き方を可能にすることで、出産・育児後の職場復帰に対する女性の不安を軽減しなければならない。女性が子どもを出産・育児をしやすい環境を整備することは、少子高齢化対策にとって最も重要なことだと考える。

ざっと見て、「読みづらい」と感じたのではないでしょうか。それは、段落分けがないためです。

「段落」とは、文章を構成するためのまとまりのことです。段落分けを意識しないと、話題やテーマの区切りがわかりにくく、伝わりにくい文章になってしまいます。また、書いていくときにも文章の流れを意識することが難しくなるので、結果的にまとまりのない文章になってしまうでしょう。

➡ 「序論・本論・結論」で分ける

段落をどのように分けるかは、文章の内容やテーマによって変わりますが、基本的には「序論・本論・結論」で分けるようにしましょう。

指定の文字数が多い問題などで、「序論・本論・結論」のそれぞれに複数の話題が含まれる場合には、話題の切れ目ごとに段落分けをするようにします。**1つの段落につき原則として1つの話題やテーマを取り扱うように意識しましょう。**

POINT

☑ 適切な段落に区切ることで、読みやすい文章にしよう！

43

やりがち度 **! ! !**　危険度

文章を区切る②

一文が長いと… **NG**

 　　　　一文が長いと、伝わりにくい

前のテーマと同様、まずは答案例を見てみましょう。

NG答案

　……生まれてくる子どもの数を増やすために考えられる対策としては、日本ではいまだに低い男性の育児休暇取得率を高めることで女性の育児負担を減らし、出産後の女性の働き方の問題を解決するためフレックスタイム制度や在宅勤務制度などの柔軟な働き方を可能にし、また、保育施設や保育士の不足で子どもを入園させられなかった結果、母親が在宅で育児をしなければならなくなる事例が多いので、待機児童の問題も解決する必要があるので、保育施設や保育士の数を充実させる対策が必要だと考える。

　あまりに長い一文です。「～し、」や「～ので」が連続していて、**息つく暇がない印象**を与えています。また、「考えられる対策としては、」から始まる文なのに、最後は「対策が必要だと考える」となっており、主語と述語が対応していません。

　一文が長いと、読みにくいだけでなく、主語と述語の不対応や、修飾する言葉のズレによって、伝えたいことが正しく伝わらなくなります。**一文の長さは、40～60字が基本**です。

➡ 「入れ子構造」に注意

次の文を見てみましょう。

> 私は政府が女性も社会で活躍できる政策を実現するべきだと考える。

_{主語A} _{主語B} _{主語C} _{述語C} _{述語B} _{述語A}
私は 政府が 女性も社会で活躍できる政策を 実現するべきだと 考える。

このように、「文の中に文が入り、その文の中にさらに文が入っている」という構造になっている文を「入れ子構造」といいます。意味がとりにくいうえ、主語と述語が対応していない文になりがちなので注意が必要です。

_{主語C} _{述語C} _{主語B} _{述語B} _{主語A} _{述語A}
女性も社会で活躍できる政策を政府が 実現するべきだと私は 考える。

このように主語と述語が直接つながるように並べると、主語と述語がきちんと対応したわかりやすい文になります。

主語・述語の不対応は減点要素になります。主語・述語の対応を意識しながら文章を書く習慣をつけるようにしましょう。

POINT
☑ 一文は 60 字程度までに。
☑ 長くなったら、主語と述語の対応を必ず確認する。

44 文章を区切る③

やりがち度 ❗❗❗　　危険度 ⚡⚡⚡

読点（、）がないと… NG

✏️　　**適切な場所に読点（、）を打とう**

　読点（、）が全くないと、主語と述語がわかりにくくなったり、
誤読につながってしまったりするケースがあります。

　有名なのは、「ぎなた読み」と言われている誤読です。次の一
文を読んでみてください。

> 弁慶がなぎなたを持って

本来、

> 弁慶が、なぎなた（長刀）を持って

と読むべき文章です。しかし、読点がないと区切りがわからず、

> 弁慶がな、ぎなたを持って

とも読めてしまいます。

　読点の打ち方には明確なルールはありませんが、原則を理解し
て、最低限必要なところには打つようにしましょう。

読点（、）の打ち方の原則

- **主語と述語のつながりの後**に読点を打つ。
- **主語「〜は」の後**に読点を打つが、主語「〜が」の後には打たない。
- 接続語の後に読点を打つ。
- **「〜て」と「〜て」の間**に読点を打つ。
- **「〜と」と「〜と」の間**に読点を打つ。

POINT
☑ **誤読されないよう、意味の切れ目に読点（、）を打つ！**

やりがち度 ● ● ●　危険度 ⚡ ⚡ ⚡

スマートな文章の書き方①

必要のない文が多いのは…  NG

内容のない文章は必要ない！

　「不要な文が多い」「必要ない言葉がある」という指摘を受けたことはありませんか？　字数が決まっている小論文試験において不要な文が多いと、点数は伸びません。

　小論文が苦手な人は、「答案用紙をとにかく埋める」ことが目的になり、書かなくてもよい文や言葉を書きがちです。

書いてしまいがちな「不要な文」

次の問題を例に確認してみましょう。

🖊 問題例

　地方分権を推進するためには、どのような対策が考えられますか、あなたの考えを述べなさい。

　これから挙げるものは、この問題の答案には不要な文です。このような文を答案に書いていないか、振り返ってみましょう。

●不要な疑問文

> 　地方分権を推進するためには、さまざまな取り組みが考えられるが、政治家はどのような対策を進めているのだろうか。これまで地方分権が実現してこなかったのは、なぜだろうか。

　最初に問題提起をするために、書き出しを疑問文にする答案は多く見られますが、**疑問に対する答え**をその後すぐに書かないのであれば、不要な疑問文となってしまいます。また、疑問文が連続してしまうのもよくありません。

●抽象的な一文

> 地方分権にはしっかり取り組んでいく必要がある。

　どのような対策が考えられるか聞かれているので、「しっかり」ではなく、具体的な対策を書かなければなりません。

●前置きの一文

> 以下、地方分権を推進するため対策について私の考えを述べる。

　設問で「あなたの考えを述べなさい」と問われているので、必要のない文です。

POINT

☑ **限られた字数は、設問に答えることに有効に使おう！**

スマートな文章の書き方②

前置きをして、保険をかけてしまうのは…

前置きをすると、自信がなさそうな文章に

「大変恐れ入りますが」「もしよろしければ」など、日常会話では、相手に配慮し、自分を謙遜するために、言いたいことの前に「前置き」の言葉を入れることも多いでしょう。

しかし、小論文では、このように表現をやわらかくするための**前置きは NG** です。次の3つの例文を見てください。

> 日本の若者の政治参加が少ないのは、私が思うには、政治に期待していないからではなく、政治のことを知らない人が多いからである。

> 現在の日本の社会保障制度の問題点について、個人的な意見だが、今後、財源の問題が深刻化すると思われる。

> 国内の雇用環境は、間違っているかもしれないが、非正規雇用の増加により、以前よりも悪化しているのではないだろうか。

「私が思うには」「個人的な意見だが」「間違っているかもしれないが」などといった前置きを使うと、何となく自信のない文章に見えてしまいます。また、そもそも小論文は個人が書く文章で、そこに書かれている意見が個人のものであるというのは当然のことです。当然のことをわざわざ書く必要はありません。

✏️ キッパリ言い切る文章を書こう！

以下のように、**まわりくどい前置きのない**、必要な内容のみ言い切る形で書きましょう。

日本の若者の政治参加が少ないのは、政治に期待していないからではなく、政治のことを知らない人が多いからである。

現在の日本の社会保障制度の問題点について、今後、財源の問題が深刻化する点が挙げられる。

国内の雇用環境は、非正規雇用の増加により、以前よりも悪化している。

POINT
☑ キッパリと言い切ることで、自信が伝わる文章にしよう！

否定的なことばかり書く

のは…

➡️　　　　　　　建設的な意見を書こう

まずは、次の文章を読んでみてください。小さい子どもに注意する大人の言葉として、どちらが適切でしょうか?

> A　他の人に迷惑をかけちゃダメ!

> B　他の人とぶつかると危ないから、ゆっくり歩こうね。

Aのように「ダメ」なことだけ言われても、言われた側には具体的にどうしたらよいのかまで伝わりません。

同じことは小論文でもいえます。否定的なことばかり述べている文章に対しては、「だから?」「それで?」とツッコミたくなってしまいませんか?

否定的なことばかりを続けて書くのではなく、必ず建設的な提案を入れるように意識しましょう。

次の2つの答案例を比較してみてください。

 問題例

若者の政治参加について、あなたの考えを述べなさい。

NG答案

　近年、選挙における若者の投票率の低さが指摘されている。これでは、若者の意見が政治に反映されなくなってしまう。そして、高齢者に向けた政策ばかりが優先されるようになってしまう。

OK答案

　近年、選挙における若者の投票率の低さが指摘されている。若者の投票率を上げ、若者の意見を反映した政治が行われるようにするために、学校での有権者教育をもっと徹底すべきだ。

　建設的な提案があるほうが、現状をよりよくしようという書き手の積極性や意欲が感じられ、高評価につながりやすいです。

POINT
☑ 否定ばかりしていても何も始まらない。前向きで建設的な意見を書こう！

使いたい言葉と避けたい言葉①

熟語を使用できていない

と…

NG

➡️ 熟語を使って文章のレベルアップを目指そう！

「レベルの高い小論文を書きたい」と思うなら、漢語の熟語を使って書くことで、ぐっと小論文らしい文章になります。

例えば、次の2つの文章を見比べてみてください。

A　コンビニエンスストアは、特に大きな町で、とてもたくさんの店を出している。

B　コンビニエンスストアは、都市部を中心に、大規模に出店を展開している。

言っている内容にはほとんど差はありませんが、Bの文章のほうが語彙力・漢字力が高く、説得力のある文章に見えますね。**語彙力・漢字力は、文章のレベルアップのポイント**です。普段の会話で使っているような表現も、漢語の熟語に置き換えることで、小論文にふさわしい印象になります。現代文の用語集などで熟語を覚え、正しく漢字で書けるようにしておきましょう。

小論文で使いたい漢語の熟語

普段の言葉	熟語を使った言い換え
話し合う	議論する
食い違う	矛盾する
取り除く	排除する
国を治める	統治する
思い起こす	想起する
きっかけになる	契機となる
他人の心を推し量る	忖度する
押さえつける	抑圧する
ほのめかす	示唆する
しばらくの間	暫定的に

POINT

☑ 文章のレベルアップのために、語彙力・漢字力を高めよう！

無理に難しい言葉を使おうとするのは…

➡ 背伸びをしても、かえって減点に！

　前のテーマで、熟語を使うことで小論文にふさわしい表現を心がけよう、と説明しました。しかし、「レベルの高い小論文を書きたいから、とにかく難しい言葉を使おう」と考えて、かえってわかりにくい小論文になってしまうケースもよくあります。背伸びして難しい言葉を使った結果、誤った使い方をしたり、漢字を書き間違えたりすると、かえって減点の対象になってしまうこともあります。

➡ 誰もがわかる文章を書こう！

　文章を書く際には、読む人に伝わるかどうかを第一に考えることが大切です。無理して難しい言葉を使おうとするのではなく、まずは適切な言葉を選んで、相手に伝わるように書くことです。また、使い方や漢字に不安がある表現は、自分が正しく理解できている言葉に言い換えることを心がけましょう。

不安な言葉は言い換えよう

POINT
☑ 言葉の使い間違いは致命的！ 背伸びせず、自分が正しく
理解できている言葉で書こう！

使いたい言葉と避けたい言葉③

主観が入った表現を使用してしまうのは…

➡ 主観的な形容詞に要注意！

　小論文において、主観が入った表現は NG でしたね（➡ P.16）。

　特に、形容詞を使うときは要注意。「赤い」「丸い」などのように、誰にとっても変わらない事実を示す形容詞は問題ありません。しかし、「大きい・小さい」「新しい・古い」のように比較する形容詞や、「好き・嫌い」「よい・悪い」のように個人の価値観が含まれる形容詞は、注意が必要です。何が大きくて何が小さいのかについては、何を基準にするかによって異なります。何がよくて何が悪いのかも、人によってとらえ方は異なるでしょう。

　また、「明らかだ」「大切だ」といった形容動詞や「極めて」「一層」といった副詞も同様です。これらの言葉は、主観が入りやすいので、使うときは注意しましょう。

➡ 主観が入った不必要な表現は省こう！

NG答案 ╳ 主観の入る言葉

核兵器とは原子爆弾や水素爆弾などの核エネルギーを利用する最も恐ろしい大量破壊兵器である。世界には、核兵器を持つこと

で軍事的優位に立つことができ、国際政治の場での大きな発言力につながるという考えが根強い国もある。しかし私は、唯一の被爆国である日本は世界を代表して、核兵器廃絶の声を高らかに上げるべきだと考える。それなのに日本は、核兵器禁止条約に参加していない。このことは、もっとしっかりと議論されるべきだ。

 主観の入る言葉

OK答案　　　 主観の入る言葉を使っていない

　核兵器とは原子爆弾や水素爆弾などの核エネルギーを利用する大量破壊兵器である。世界には、核兵器を持つことで軍事的優位に立つことができ、国際政治の場での発言力につながるという考えを持つ国もある。しかし私は、唯一の被爆国である日本は世界を代表して、核兵器廃絶の声を明確に上げるべきだと考える。それなのに日本は、核兵器禁止条約に参加していない。このことは、より厳密に議論されるべきだ。

　OK答案では、NG答案にある言葉がいくつか抜けていますが、すっきり意味の伝わる文章になっていますね。主観が入る言葉は、消しても意味が変わらないようであれば、なるべく書かないようにしましょう。□□□の部分のように他の言葉に置き換えてもよいでしょう。

POINT
☑ 個人の価値判断が入る語や、極端な表現は避けよう！

第3章

知らないとNG！
小論文頻出テーマ

小論文の問題に正しく答えるためには、問われているテーマについて、ある程度の知識が必要になります。小論文は幅広い分野から出題されますが、まずは、試験で問われやすいテーマについて知っておきましょう。第3章では、頻出のテーマ11個を厳選し、紹介します。

少子化

✏️ 少子化の現状と問題点

　少子化とは、出生率が持続的に低下して、子どもの数が少なくなっていくことです。日本は特に少子化が長く続いています。

　少子化の**問題点**として、**①労働力不足や国の経済力が低下する（経済面の問題）**、**②社会保障の負担が増加する（生活面の問題）**、**③過疎化や家族の形が変化する（社会面の問題）**が挙げられます。

出生数と合計特殊出生率の推移

出典：厚生労働省「令和３年　人口動態統計」（確定値）

　現在の人口を維持するためには、合計特殊出生率が 2.07 以上が必要であるとされますが、日本は 1.36 です。

少子化の原因

　日本のような先進国における少子化の根本的な理由は、子どもが生まれないことです。子どもが生まれない**原因**として、**①未婚化（結婚しないこと）・晩婚化（初婚の平均年齢が高くなること）**が進み、子どもが生まれない、また生まれる子どもの数が少なくなること、**②出産・育児への不安**から、子どもを生んで育てたいと思う夫婦が減っていること挙げられます。

COLUMN　　女性の社会進出が少子化の原因？

　近年、高学歴化と女性の社会進出が進みました。そのことが少子化の原因になっているとする考えがあります。しかし、次のデータを見ると、女性労働力率（女性の働く人の割合）が高い国ほど、合計特殊出生率が高いという関係を読み取ることができます。このことから、女性の社会進出が必ずしも少子化の原因ではない、といえるでしょう。

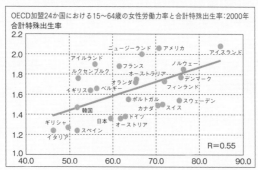

OECD加盟24か国における15〜64歳の女性労働力率と合計特殊出生率：2000年

出典：内閣府「平成18年度版男女共同参画白書」

対策

対策① 安心して子育てができるような経済支援

　若い世代の雇用環境や待遇を改善したり、非正規雇用を減らし正規雇用を増やしたりして、**若い世代が安定的に収入を得られる社会づくり**がまず必要です。また、子育てにかかる費用の負担を軽くするため、子育てに関わるさまざまな手当による支援、奨学金制度の充実による**教育費の支援**なども求められます。

対策② 仕事と出産、育児を両立できる環境整備

　安心して子どもを育てていくためには、待機児童の解消や保育施設の充実、育児休業、子どもの看護休暇の取得など子育てに関わる施策を充実させていくことが必要です。また女性が出産後、職場復帰しやすくするための働き方の見直し、労働時間の短縮や在宅勤務制度（リモートワーク・テレワーク）の導入なども対策として挙げられます。無理なく仕事と家庭を両立させるためには、何より夫婦が互いに助け合い、家事と育児を分担する必要があります。仕事と育児の両立は女性の問題と受け止められがちななかで、男性の育児休業の取得を促進するなどして、**男性が育児参加しやすい環境作り**も必要です。

同性婚（同性同士での結婚）や**事実婚**（婚姻届は出さないが結婚の意思をもって生活している状態）といった、従来とは異なる結婚のあり方を選択する人も増えています。また、**里親制度**（いろいろな事情により家庭で暮らせない子どもを、自分の家庭に迎え入れて養育する制度）や、**赤ちゃんポスト**（いろいろな事情で育てることのできない子どもを親が匿名で託すための施設）など、生まれてきた子どもを守る制度や施設もあります。どんな家族の形であっても、不自由なく子育てができるような環境整備が求められます。

男女を問わず、若い世代が結婚・出産・育児に希望を持つことができる社会、何よりも生まれてくる子どもを大切にする社会の実現こそが少子化対策の重点課題であるといえます。

POINT
- ☑ 日本は少子化が長く続いている。
- ☑ 若い世代が安心して結婚・出産・育児ができる環境整備が重要！

頻出テーマ②

高齢化

高齢化の現状と問題点

　高齢化とは、人口に対する高齢者の比率が高くなること。総人口に占める65歳以上人口の割合（高齢化率）が7%を超えた社会を高齢化社会、14%を超えると高齢社会、21%以上で超高齢化社会といいます。日本はすでに超高齢化社会に突入しています。高齢化に伴う問題点は、**高齢者の生活を支えるための負担の増加**。増える医療費、介護費、年金費用を若者世代が負担する必要があるのです。介護施設やそこで働く人の不足、特に地方での高齢者の生活の利便性なども問題です。

高齢化の推移と将来推計（2020年）

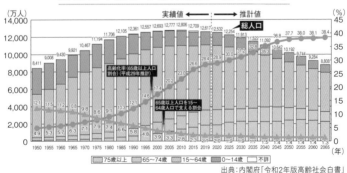

出典：内閣府「令和2年版高齢社会白書」

高齢者の仕事、生活、医療・福祉の面での対策が必要です。

対策① 定年年齢の見直し

厚生労働省の「令和4年就労条件総合調査」によると、一律に定年年齢を定めている企業の約7割の企業が60歳を定年としています。平均寿命が80歳を超え、年金の受給年齢が引き上げられている今、高齢者の就業に対する考え方を改める必要があります。

対策② 安心して生活できる街づくり

特に地方の生活では、移動手段が少ないため日常生活に困難がある場合もあります。高齢者が暮らしやすい街の設計、生活のサポート体制など、安心して暮らしていくことができる対策が必要です。

対策③ 医療・福祉体制の充実

老衰が死亡原因の上位に上がるようになってきた現在、従来の延命を目的とした治療だけでなく、苦痛軽減などを目的とした終末期医療（ターミナルケア）や、在宅医療の充実が求められます。

POINT
☑ すでに日本は、超高齢化社会に突入している。
☑ 自分もいつかは高齢者、どんな対策が必要かを考えよう！

頻出テーマ③

女性の社会進出

女性の社会進出の現状と問題点

「121位ショック」という言葉を知っていますか。世界経済フォーラムが2019年12月に発表した「ジェンダー・ギャップ（男女格差）指数」のランキングで、**日本は153ヶ国中121位**という結果だったことを表す言葉です。

　これは健康・教育・政治・経済の4分野について、各国の男女格差を測って数値化し順位をつけて発表したものです。2022年の調査結果において、教育と健康の分野の値については、他の国と大きな差はありません。経済が121位と低いのは、収入面で男女差が大きいことと女性の管理職比率が低いことが主な理由です。そして最も低かったのが政治の分野で、139位でした。ちなみに、2022年4月末時点の国会議員（衆議院）に占める女性の割合は9.9％でした。

ジェンダーギャップ指数　日本の順位

健康	教育	政治	経済
63位	1位	139位	121位
0.973	1.000	0.061	0.564

出典：内閣府「共同参画　令和4年8月号」

下のグラフからも、日本の働いている女性の中で、婚姻している人の就職率が最も低いことが読み取れます。

女性の年齢階級配偶関係別労働力率

(%)

（備考）総務省「労働力調査（基本集計）」（平成24年）より作成
出典：内閣府「男女共同参画白書　平成25年版」

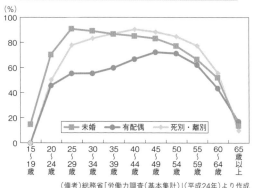

対策と今後の課題

「男性は仕事、女性は家庭」という旧来の考え方はなくなってきているものの、男性の育児休暇取得率はまだまだ低い状況です。男女ともに子育てと仕事を両立できるような働き方改革、出産・育児後職場復帰しやすくする環境整備や支援など、ワーク・ライフ・バランス（仕事と生活の調和）の実現を図る必要があります。

POINT
☑ **女性の社会進出、日本は圧倒的に世界に遅れをとっている！**

頻出テーマ④

地球温暖化

✏️ 地球温暖化の現状と問題点

「地球温暖化」とは、大気中に二酸化炭素などの温室効果ガスが大量に放出されることにより、**地球全体の平均気温が急速に上昇すること**です。2100年の世界の平均気温は、1880年と比べて最大4.8℃上がると予測されています。地球温暖化によって、極端な高気温や豪雨、海面の上昇などが起きているとされています。これにより、農作物への被害や渇水・洪水が増えることなども懸念されています。

地球温暖化は 1980 年代後半から問題視されるようになり、2015 年に温暖化対策に関する国際的な取り決めである**「パリ協定」**が締結されました。2019 年の「国連気候行動サミット」では、グテーレス国連事務総長が**「気候変動はもはや気候危機だ」**と訴えました。

　サミットでは、77 ヶ国が 2050 年までに温室効果ガスの排出を実質ゼロ（実際の排出量と植物の光合成などで吸収される量が釣り合った状態）にする「カーボンニュートラル」という目標を表明しました。

 ## 地球温暖化の原因

　18 世紀の産業革命以降、人間の活動により化石燃料が大量に使用されるようになりました。地球を覆っている二酸化炭素やメタンなどの**温室効果ガス（太陽光を浴びて暖まった地表から放出される赤外線を吸収し、大気圏外へ出ていくのを防ぎ、地表の温度を保つ気体）が急速に増加したことで、地球の平均気温が上昇した**といわれています（温暖化の原因が二酸化炭素の増加であることは仮説ですが、他に説明ができないとされています）。

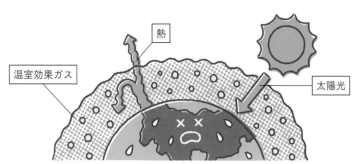

熱

温室効果ガス

太陽光

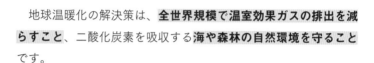
対策と今後の課題

地球温暖化の解決策は、**全世界規模で温室効果ガスの排出を減らすこと**、二酸化炭素を吸収する**海や森林の自然環境を守ること**です。

対策① 化石燃料の使用を減らす

現在大量に使用されている石油・石炭・天然ガスなどの化石燃料は、燃焼時に二酸化炭素を排出するので、これらの使用を減らすことが重要です。ただし、発電用エネルギーとして火力発電の代わりに原子力発電にすることの可否という問題もあります。また、再生可能エネルギー（太陽光・風力・水力・地熱・太陽熱・他の自然界に存在する熱・バイオマス）による発電は発電効率が低いことが多く、どこまで安定的に供給できるかが課題です。

対策② 一人一人がエネルギーの使用量を減らす

家庭で節電する、自家用車の使用を減らす、電気自動車に乗り換える、環境に配慮した製品を選ぶ、リデュース・リユース・リサイクル・リフューズ・リペアするなど、身近なところから心がけることができます。一人一人の環境への意識をどのようにして上げていくかが課題です。

対策③ 炭素税を導入する

炭素税とは、企業や個人が二酸化炭素の排出量に応じて税金を払うこと。フィンランド、デンマークなど、すでに導入されている国もあります。経済活動に負荷がかかるので、企業はあまり積極的になれない、燃料価格の高騰などによる低所得者の負担が増すといった問題があります。

地球温暖化は、**地球規模の問題であり人類の生存にも関わる極めて大きな問題**でありながら、誰もが地球期温暖化を食い止めることに貢献できる、**一人一人の問題**でもある点が、最大の特徴といえます。

POINT

☑ 「地球温暖化問題」はまさに地球規模の問題だが、地球に住む人すべてが関わる、一人一人の問題でもある。

頻出テーマ⑤

異文化理解

異文化理解の現状と問題点

以下のグラフを見てください。最近日本では、外国人労働者が年々増えてきています。

在留資格別外国人労働者数の推移

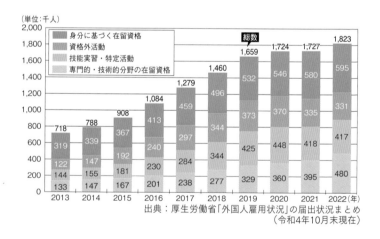

(単位：千人)

出典：厚生労働省「外国人雇用状況」の届出状況まとめ
（令和4年10月末現在）

外国人労働者だけでなく、外国人観光客も増える傾向にあり、今後もさまざまな国の人と関わる機会は増えるでしょう。

現在、世界は急速にグローバル化しています。このグローバル化社会の中で、異なる文化に違和感を覚える人や、差別的な言動をしてしまう人もいます。だからこそ、異文化を理解すること、**自分とは異なる考えや価値観を受け入れること**が必要なのです。

対策と今後の課題

異文化理解で必要なこととしては、**語学力や歴史や文化の違いを理解すること、思い込みや偏見をもたないこと**が挙げられます。自分中心の考え方が、最も異文化理解を妨げます。

また、世界には8930万人の難民（自国にいると迫害を受けるおそれがあるために他国に逃れる人）がいるとされています（2021年末時点）。日本は1981年に難民条約に加入し、難民の受け入れが始まりましたが、2021年に日本で難民として認定されたのは74人です。認定者数は増加したものの、認定率は1%未満と、諸外国に比べ相変わらず非常に低い数値です。難民となる人が多い国は、主に紛争や内戦などで国内情勢が不安定だったり迫害があったりして、安心して暮らせる環境ではない国です。異文化理解の第一歩は、今世界では何が起きているか、国際情勢に目を向けることでしょう。

POINT

☑ 今後、外国人と接する機会はさらに増える。

☑ 異文化理解に必要なことは、自分を知り、相手を知ること！

頻出テーマ⑥

過疎化・人口減少

➡ 過疎化・人口減少の現状と問題点

　過疎化とは、ある地域の人口が急激に減少し、その地域で安心した生活を維持することが難しくなる状態です。

　1950年代後半から1970年代前半までの**高度経済成長**が過疎化の原因の1つとされています。急速な経済成長とともに、集団就職等で地方から都市へ人口が流出したため、農村地域の過疎化が始まりました。また**少子高齢化**も過疎化が進む原因です。

　現在、日本のほとんどの地域で人口が減少しています。商店街が「シャッター通り」に変わるのを目の当たりにしたり、通っている学校の統廃合を経験したりした人もいるかもしれません。不便になった地域からは若者が離れ、高齢者だけが取り残されます。有効な対策を行わなければ、今後さらに都市部に人口が集中し、地方はますます過疎化が進行し、衰退していくと考えられます。

COLUMN　　　　　　　　限界集落

　限界集落とは、人口の50%以上が65歳以上で、農業用水や森林、道路の維持管理、冠婚葬祭などの共同生活を維持することが限界に近づきつつある集落のこと。2015年の国土交通省の調査では、今後10年以内に消滅するおそれがある集落数は570と予測されています。

都道府県別の人口増減率（2015年/2020年調査比較）

凡例：
■ 増加
■ 減少（3%以内）
□ 減少（3%以上）

出典：総務省統計局『日本の統計2023』より作成

 ## 対策と今後の課題

　国や地方自治体が行う対策として、地域産業を振興する、道路や通信網を整備して他の地域との交流を活発化する、医療と教育を整備することなどが挙げられます。

　近年注目されているのは**「デジタル技術」**です。医療のオンライン診療や、ドローンによる荷物配送などは、すでに実施されています。またテレワーク（在宅勤務）などの活用などで、都市部から地方に移住する人の動きもあります。

POINT
☑ **過疎化は今も進行し続けている、身近な問題。**

頻出テーマ⑦

格差

格差社会の現状と問題点

　厚生労働省が 2020 年に公表した「2019 年国民生活基礎調査」によると、日本の子どもの貧困率は 13.5％。これは**日本の子どもの 7 人に 1 人が貧困状態にある**ことを示します。また、母子家庭など大人 1 人で子どもを育てる世帯の貧困率は 48.1％ でした。

　「経済格差」は、やがて**子ども世代の「教育格差」**となって表れます。そして「経済格差」→「教育格差」→「経済格差」→「教育格差」……と世代間を連鎖していきます。このような**貧困の負の連鎖は、なくす必要があります**。

格差は連鎖する

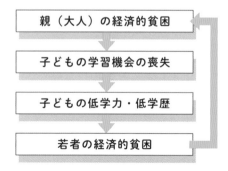

対策と今後の課題

　生活保護受給者、貧困家庭への支援、子どもの学習支援を充実させることが求められます。また、正規雇用者を増やすことも重要です。ベーシックインカム（政府が全国民に対して決められた額を定期的に支給する政策）の議論もあります。

COLUMN 「自由と平等」

| 自　由 | ➡ | 競　争 | ➡ | 格　差 |

「近代社会は、自由競争で発展してきた。そこでは勝者と敗者が生まれ、その格差は拡大する」「競争で勝てないのは、本人の努力が足りなかったためなので『自己責任』である」などと言われることがあります。ただし私たちは誰もが強いわけではありません。社会的に弱い立場の人もたくさんいることを認識し、弱い立場の人々が幸せに生きられるような社会システムの構築も同時に考えなくてはなりません。

POINT

☑ **格差は連鎖していくので、断ち切ることが必要。**

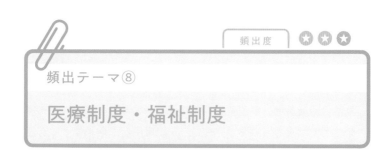

頻出テーマ⑧

医療制度・福祉制度

✏ 医療制度・福祉制度の現状と問題点

　社会保障制度は、国民の生活の「安心」「安定」を支えるセーフティネットです。「社会保険」「社会福祉」「公的扶助」「保健医療・公衆衛生」からなり、子どもから子育て世代、高齢者まで、すべての人の生活を生涯にわたって支えるものです。

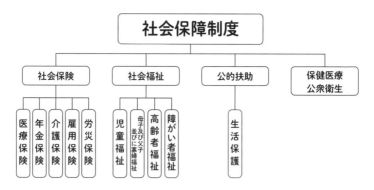

　日本の**医療保険制度**は、全国民が加入する国民皆保険制度です。医療を受けると基本的には費用の7割から9割が保険で給付されるので、自己負担費用は多くても3割です。**自己負担額が少なくて済むことから、安心して病院に通うことができ、医療を受けられる仕組み**になっています。

しかし、高額の医療費が必要となる高齢者の増加や、医療技術の進展による高額の治療などにより、医療費全体の総額が増えています。一方、人口減少で納められる保険料自体が増える見込みがあまりないので、**医療保険財政はどんどん苦しくなっています**。

　同様に少子高齢化の影響を強く受けるのが、年金制度です。日本の**公的年金制度**は、20歳以上60歳未満の全国民が加入する国民年金と、会社員・公務員が加入する厚生年金の2つがあり、老齢・障がい・死亡などのリスクに直面したときに給付を受けることができます。日本の公的年金制度は、基本的に、現役世代が納めた保険料を、そのときの高齢者が受け取る方式（賦課方式）です。**少子高齢化が進む**と、保険料を支払う人は減るのに、年金を受け取る人は増えるため、**現役世代の負担や不安**が大きくなります。

対策と今後の課題

　高齢化した社会では、医療保険・年金・介護保険はとても重要な制度です。しかし、少子化が進むと、それらの保険料を納める人が少なくなり、**財源の確保が難しくなります**。財政を維持するためには、公費負担（国や地方自治体による税を財源とした費用負担）を増やす、年金給付額を引き下げる、年金を積立方式（受給者が現役時代に積み立てておく方式）へ徐々に変更するなどの必要が出てきます。

POINT

☑ 社会保障制度を支える財源の確保が大きな課題。

頻出テーマ⑨

世界の貧困問題

➡️ 世界の貧困問題の現状と問題点

　2022 年 3 月発表（ユニセフ・世界銀行の報告書）のデータによると、世界で 7 億 960 万人、**11 人に 1 人が極度の貧困状態**（1 日当たり 1.9 ドル以下で生活している人）[*1]にあるといわれています。しかも、そのうちの約半数の 3 億 5600 万人が子どもで、世界の子どもの 6 人に 1 人が最低限の生活すら保てない貧困状態に置かれているとされています。[*2]

　貧困の問題点として、①病気や栄養不足による短命化、②貧困層の固定化、③治安の悪化、などが挙げられます。

　また、貧困状態を表す考え方に「絶対的貧困」と「相対的貧困」があります。**「絶対的貧困」**は、国・地域の生活レベルとは無関係に、必要最低限の生活水準が満たされていない状態を示します。これは南アジア地域や、サブサハラ・アフリカ（サハラ以南のアフリカ）地域などの途上国に集中しています。私たちが普通、貧困と聞いてイメージするのはこちらでしょう。一方、**「相対的貧困」**は、国・地域の水準の中で比較して、貧しい状態のことを指しています。また、相対的貧困率とは、世帯所得が全世帯の中央値の半分未満である人の比率を示しています。普通に暮らしている人の収入のおよそ半分の収入で生活している人の割合です。日本の相対

的貧困率は 15.7％、つまり **100 人中 15.7 人が相対的貧困状態**にあります。

＊1　国際貧困ラインといい、2022 年 9 月 14 日以降は 2.15 ドル／日に引き上げられています。

＊2　この数字は COVID-19 のパンデミックを受けて拡大していると推測されています。

 ## 対策と今後の課題

対策としては、貧困層への金銭的補助や物資の支援だけでなく、自らの力で生活できるようにするための支援（教育訓練、農業近代化支援、雇用政策など）も必要です。

相対的貧困率の国際比較

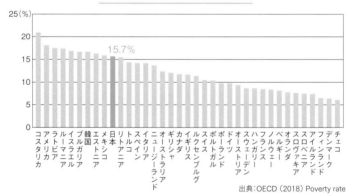

出典：OECD（2018）Poverty rate

POINT

☑ 「相対的貧困」は、先進国でも起こっている格差の問題でもある！

働き方改革

日本の労働の現状と問題点

　バブル崩壊後の長期不況のなか、人件費を抑える目的で、契約社員や派遣社員、パート・アルバイトなどの**非正規雇用**による採用が増えました。非正規雇用は自分のペースで働けるなどのメリットもある一方で、雇用や給与が不安定です。一方、正社員として働く人も、**長時間労働**で心身の健康を損なう、休暇を取れず私生活との両立が難しいなどの問題があります。過酷な労働が、**過労死や過労自殺**につながるケースも少なくありません。また、出産・子育てとの両立のしにくさは少子化の要因にもなっています。

正規雇用と非正規雇用労働者の推移

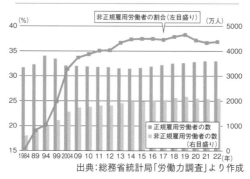

出典：総務省統計局「労働力調査」より作成

➡ 働き方改革と今後の課題

　非正規雇用労働者の不利をなくすため、非正規雇用労働者の正規雇用化や、**同一労働同一賃金**（同じ労働に対して同じ賃金を支払う）が進められています。

　また、時間外労働の削減や、休暇の取得推進によって、**ワーク・ライフ・バランス**を実現できるようにすることも重要です。さらに、在宅勤務や短時間労働など、多様な働き方を選択できるようにすることも求められます。

　人口が減少していく中で、今後ますます労働力の確保が難しくなっていきます。出産後の女性や障がいのある人、高齢者なども含め、誰もが働きやすい環境の整備が必要です。そうすることで、企業の生産性も上がり、経済の成長につながっていくと考えられます。

POINT
☑ **ワーク・ライフ・バランスの実現は、経済成長につながる！**

頻出テーマ⑪

経済のグローバル化

➡ 経済のグローバル化の現状と問題点

「グローバル化」とは、人・もの・お金・情報が国境を越えてより自由に移動するようになることをいいます。例えば、日本企業の商品が台湾や中国の工場で製造され、世界中の国で販売されるといった展開は「**経済のグローバル化**」です。

経済のグローバル化は、企業にとって、商圏を拡大して利益を増やせる、生産や研究開発コストを削減できる、といったメリットがあります。実際に、2019 年の世界全体の GDP は、1960 年の約 60 倍になっており（経済産業省「通商白書 2020」）、**グローバル化が進んだことで、世界経済が大きく成長した**ことがよくわかります。

一方、問題点としては、以下のようなものが挙げられます。

- コストを削減のため、より安価な労働力を求めて海外へ雇用を広げようとし、自国の産業が衰退する
- 海外から移民労働者が入ってきて、自国の雇用が奪われる
- 資金力のある国がグローバル市場を独占し、金や資源、有力な産業を持たない国は参入することができない
- 2008 年のリーマンショックのような、世界的な金融危機、同時不況が起こる可能性がある

対策と今後の課題

　イギリスのEU離脱やアメリカのトランプ政権のように、反グローバリズムを掲げる動きも出てきました。グローバル化の反動から、ナショナリズム（自国中心主義）が台頭し始めた国もあります。

　グローバル化には問題点も多いですが、IT技術の発展も進むなか、この流れを止めようとするのは現実的ではありません。

　グローバル化の恩恵を受けつつ、経済格差や自国産業の衰退を防ぐための対策が必要です。例えば、文化産業の支援や、労働者のセーフティネットの充実などが考えられます。また、各国の経済や労働力を守りながら世界が成長していくためには、**国際協力**も不可欠です。

POINT
☑ グローバル化を問題視するだけではなく、その恩恵を受けるため、国際協力を強めていくことが大切！

本番で失敗しない！やりがちNGをおさえる

小論文
特急合格BOOK

監修	総合型選抜専門塾 AOI 元講師　河守　晃芳
編集協力	佐藤　玲子
	鈴木　瑞穂
	髙木　直子
	渡辺　泰葉
	エデュ・プラニング合同会社
イラスト	純頃
	かざま　りさ
ブックデザイン	別府　拓（Q.design）
DTP	株式会社　ユニックス
企画・編集	留森　桃子